Joseph Bonmariage

Alleluia

Joseph Bonmariage

Alleluia

Pour une vie nouvelle

Éditions Croix du Salut

Impressum / Mentions légales
Bibliografische Information der Deutschen Nationalbibliothek: Die Deutsche Nationalbibliothek verzeichnet diese Publikation in der Deutschen Nationalbibliografie; detaillierte bibliografische Daten sind im Internet über http://dnb.d-nb.de abrufbar.
Alle in diesem Buch genannten Marken und Produktnamen unterliegen warenzeichen-, marken- oder patentrechtlichem Schutz bzw. sind Warenzeichen oder eingetragene Warenzeichen der jeweiligen Inhaber. Die Wiedergabe von Marken, Produktnamen, Gebrauchsnamen, Handelsnamen, Warenbezeichnungen u.s.w. in diesem Werk berechtigt auch ohne besondere Kennzeichnung nicht zu der Annahme, dass solche Namen im Sinne der Warenzeichen- und Markenschutzgesetzgebung als frei zu betrachten wären und daher von jedermann benutzt werden dürften.

Information bibliographique publiée par la Deutsche Nationalbibliothek: La Deutsche Nationalbibliothek inscrit cette publication à la Deutsche Nationalbibliografie; des données bibliographiques détaillées sont disponibles sur internet à l'adresse http://dnb.d-nb.de.
Toutes marques et noms de produits mentionnés dans ce livre demeurent sous la protection des marques, des marques déposées et des brevets, et sont des marques ou des marques déposées de leurs détenteurs respectifs. L'utilisation des marques, noms de produits, noms communs, noms commerciaux, descriptions de produits, etc, même sans qu'ils soient mentionnés de façon particulière dans ce livre ne signifie en aucune façon que ces noms peuvent être utilisés sans restriction à l'égard de la législation pour la protection des marques et des marques déposées et pourraient donc être utilisés par quiconque.

Coverbild / Photo de couverture: www.ingimage.com

Verlag / Editeur:
Éditions Croix du Salut
ist ein Imprint der / est une marque déposée de
AV Akademikerverlag GmbH & Co. KG
Heinrich-Böcking-Str. 6-8, 66121 Saarbrücken, Deutschland / Allemagne
Email: info@editions-croix.com

Herstellung: siehe letzte Seite /
Impression: voir la dernière page
ISBN: 978-3-8416-9805-6

Copyright / Droit d'auteur © 2012 AV Akademikerverlag GmbH & Co. KG
Alle Rechte vorbehalten. / Tous droits réservés. Saarbrücken 2012

Commentaire

de la Parole

au gré

des

années liturgiques

Joseph Bonmariage

*Si quelqu' un m ' aime
et garde ma parole
mon Père et Moi
ferons en Lui
<u>notre
demeure</u>*

*Père Saint
Moi en eux
et Toi en Moi
afin
que
l ' amour
dont tu m' as aimé
<u>soit
en eux</u>*

(Evangile de Jean)
14,23 et 16,21-26)

---

*Incarner
le transcendant
est notre raison d'être
en ce monde*

(Sogyal Rinpoché - boudhiste tibétain)
" Méditation"
ed. La table Ronde-Paris 6ᵉ

TABLE DES MATIERES

Avant-propos	6
1. Le Rêve de Dieu – *2ᵉ dimanche de l'avent-A*	9
L'avènement du royaume - *2ᵉ dimanche de l'avent-B*	10
Dans l'attente de l'avènement du jour du seigneur - *2ᵉ dimanche de l'avant-C*	12
2. Tout commence par Marie	17
Une visite à la cousine - *4ᵉ dimanche de l'avent-C*	17
Les vertus de l'accueil - L'épiphanie	18
Un nouveau mode de relation – la sainte famille	20
Prenons conscience de notre valeur – Jean-Baptiste 22	
3. Les bases du Royaume	25
Jésus annonce la bonne nouvelle – *3ᵉ dimanche ordinaire-C*	25
Pécheur d'hommes – *3ᵉ dimanche ordinaire-A*	27
Le choix des disciples – *4ᵉ dimanche ordinaire-A*	29
Vive la liberté – *5ᵉ dimanche ordinaire-B*	31
Les exigences de la liberté – *6ᵉ dimanche ordinaire-A*	33
Aimez vos ennemis – *7ᵉ dimanche ordinaire-A*	35
Ne jugez pas – *8ᵉ dimanche ordinaire-C*	36
Croyez à la bonne nouvelle – *1ᵉʳ dimanche de Carême-B*	38
Celui-ci est mon fils, écoutez-le…- *2ᵉ dimanche de Carême-C*	40
Il est heureux que nous soyons ici – *Transfiguration* –	42
4. Des paroles de vie	45
Réveille-toi, toi qui dors – *5ᵉ dimanche de Carême-A*	45
Va et ne pêche plus – *5ᵉ dimanche de Carême-C*	46
Faites-le vous aussi – Le jeudi Saint	48
Alléluia – Christ est ressuscité – Dimanche de Pâques	50
5. Nos privilèges	53

    La fondation de l'Église – *3ᵉ dimanche de Pâques-C* 53

    La porte du ciel – *4ᵉ dimanche de Pâques-A* 54

    Ne Craignez pas – *4ᵉ dimanche de Pâques-B* 56

6.   **Nos priorités** **59**

    Artisans de l'unité – *7ᵉ dimanche de Pâques-C* 59

    Comble de joie – *6ᵉ dimanche de Pâques-C* 60

    Inspiré par l'esprit – *La Pentecôte* 62

    Enfants de dieu – *6ᵉ dimanche de Pâques-A* 65

    Consacré dans la vérité – *7ᵉ dimanche de Pâques-B* 67

    Lève-toi – *10ᵉ dimanche ordinaire-C* 68

    Se reconnaître pécheur – *10ᵉ dimanche ordinaire-A* 70

7.   **Nos fêtes estivales** **73**

    La sainte trinité 73

    Le corps du Christ 75

    Le cœur du Christ 77

    L'assomption de Marie 79

8.   **Des question se posent** **81**

    Comment évangéliser – *12ᵉ dimanche ordinaire-B* 81

    De qui suis-je le prochain ? – *15ᵉ dimanche ordinaire-C* 83

    Qui sont les messagers ? – *15ᵉ dimanche ordinaire-C* 84

    Comment devenir riche en vue de Dieu ? – *18ᵉ dimanche ordinaire-B* 85

    Pourquoi douter ? – *19ᵉ dimanche ordinaire-A* 87

    Pourquoi et comment se tenir prêt ? – *19ᵉ dimanche ordinaire-C* 89

    Quel est donc ce trésor inépuisable – *20ᵉ dimanche ordinaire-C* 91

    Pourquoi la division ? – *20ᵉ dimanche ordinaire-C* 94

    Comment renouveler notre jugement – *22ᵉ dimanche ordinaire-A* 96

    Pourquoi renoncer à ses biens ? – *23ᵉ dimanche ordinaire-C* 98

    Qu'est-ce-que la pauvreté ? – *23ᵉ dimanche ordinaire-B* 100

    L'argent est-il trompeur? – *25ᵉ dimanche ordinaire-C* 103

    Que dit l'évangile au sujet du mariage ? – *27ᵉ dimanche ordinaire-B* 105

    Qu'est-ce que la paix de dieu? – *27ᵉ dimanche ordinaire-B* 107

Qu'est-ce que la résurrection ? – *28ᵉ dimanche ordinaire-C*	109
Avons-nous la foi ? - *29ᵉ dimanche ordinaire-C*	111
Comment connaître le don de dieu ? – *30ᵉ dimanche ordinaire-C*	113
Comment atteindre la béatitude ? – *LA TOUSSAINT*	115
Comment tenir sa lampe allumée ? – *32ᵉ dimanche ordinaire-A*	118
Que sera le jugement dernier ? – *33ᵉ dimanche ordinaire-B*	120
9. LE CHRIST ROI DE L'UNIVERS	**123**

AVANT PROPOS

Comment en suis-je venu à écrire ces commentaires au gré des années liturgiques ?
Autant répondre à la question : Comment et pourquoi suis-je devenu diacre ?
Je suis né bien avant le Concile Vatican 2, en ce temps appelé "temps de chrétienté ".

AU TEMPS DE CHRETIENTE :

Être baptisé était normal, ordinaire, commun. Pour être disciple de Jésus-Christ, il fallait pour les hommes : être clerc ou religieux; pour les femmes : être religieuse. C'est pourquoi, fasciné par " Jésus- Eucharistie ", je suis devenu clerc - religieux franciscain.
Je fis alors partie de la " **grande armée catholique** " définie par le Concile de Trente comme une " armée rangée en bataille " avec ses uniformes, ses grades, ses privilèges. D'où mon désarroi quand sept ans plus tard - suite à un état de santé devenu déficient et diverses péripéties dans l'abandon et la reprise des études théologiques - je fus exclu de cette armée catholique. Je redevenais, dès lors, un baptisé ordinaire, soumis au monde et à ses tentations mais faisant toujours partie de l' Eglise où tout est pris en charge par les clercs... les laïcs étant "le troupeau dont les clercs sont les pasteurs ".

APRES VATICAN II – 1965 :

Au " peuple de Dieu " - devenu " poids mort, foules anonymes" inondé d'eau baptismale mais incapable d'assumer des responsabilités dans l'Eglise - le Concile veut redonner privilèges et vitalité. Il sera désormais appelé *"peuple royal, sacerdotal et prophétique* «. Mais, comment faire surgir de la foule des catholiques recensés les chrétiens capables de mettre en œuvre leur liberté pour allumer, entretenir et communiquer le feu, apporté par Jésus si, pendant des siècles, ils n'ont pas pu faire jaillir une étincelle sans la permission d'un clerc ? **Vaste programme !!** ... Pour beaucoup la foi elle-même était déjà minée à la base.

Autre nouveauté :

Le Concile rétablit un ministère qui ne sera pas nécessairement soumis, comme pour les autres clercs à la loi du célibat : le DIACONAT PERMANENT.

Quant au MARIAGE, avant le Concile on ne cesse d'enseigner qu'il est un sacrement mais, d'autre part, on estime que se marier c'est renoncer à vivre pleinement selon le Christ. Les mentalités évoluent cependant et, dans les années 50, avec l'encouragement des autorités ecclésiastiques et sous l'impulsion de l'abbé Cardyn - fondateur de la JOC, qui deviendra cardinal - fleurissent ça et là des mouvements de spiritualité conjugale et familiale. Vécu dans cette optique, le foyer chrétien devient alors "cellule d'évangélisation».

C'est dans cette ambiance que je rencontrerai ma future épouse, animatrice dans un mouvement d'action catholique féminin, et plus tard, nous suivrons ensemble la formation diaconale. Dans la suite, exerçant en tant que diacre, le ministère de la parole, j'ai eu l'occasion de faire des homélies dominicales ... Alors, le dernier âge réduisant mes capacités d'action, j'ai traduit ces homélies en " méditations ", dans l'espoir de continuer ma modeste participation à l'avènement du ROYAUME.

" Verba volant, scripta manent »

1. LE REVE DE DIEU

2e dimanche de l'Avent- A

*Un rameau sortira
de la souche de Jessé, le père
de David .Sur lui reposera l'esprit du Seigneur
esprit de sagesse et de discernement
esprit de conseil et de force ...
Il ne jugera pas d' après les apparences ...
le loup habitera avec l'agneau ...
Le nourrisson s'amusera sur le nid du cobra.*
(Isaïe 11.2 -10)

Ainsi parlait le prophète Isaïe au 18e siècle avant Jésus-Christ et, 1800 ans plus tard, Jean Baptiste prêche la conversion parce que celui sur lequel repose l' esprit du Seigneur va venir *"nettoyer son aire à battre le blé "*.
Voilà deux discours révolutionnaires ! Et ces discours sont sanctionnés dans toues les églises du monde par ces mots " Parole du Seigneur " !

Cette évolution, c'est en effet le rêve de Dieu, le rêve du Père de tous les hommes et quand Dieu rêve quelque chose il fait en sorte que ce rêve devienne réalité. Annoncé par Jean-Baptiste, le Christ est venu nous parler de ce rêve de Dieu. Il reviendra pour établir sa justice et essuyer les larmes de tous les visages. Le mal sera extirpé à tout jamais. Il faut que l'espérance de cet avenir soit notre réconfort. Nous ne comprenons pas le mal e la souffrance qu'il provoque ... Pourquoi le mal, l'injustice, la souffrance ?

Pourquoi ? ...C'est le cri d'angoisse de chacun d' entre nous ... Pourquoi ? Jésus lui-même, envoyé par le Père, n'a pas répondu.

Les années de sa vie dont nous avons connaissance, il les a passées à soulager la souffrance, à dénoncer l'injustice, à parler de son Royaume ... mais, la question « Pourquoi ? » Il se l'est posée lui-même.

Avant sa passion, il prie et demande à son Père d'éloigner de lui cette terrible angoisse. "*En proie à la détresse, dit l'Evangile, il priait de façon plus insistante et sa sueur devint comme de grosses gouttes de sang qui tombent à terre.*" Et dans son désarroi, "*Père ! Pourquoi m'as-tu abandonné ?*" Il n'a pas obtenu de réponse mais il, a persévéré. Il est allé jusqu'à la mort et c'est alors seulement que le Père a répondu en faisant de lui " le Ressuscité ".

C'est la réponse de Dieu aux souffrances et à l'angoisse des hommes. Il nous donne la présence de Jésus Ressuscité : "*Je serai avec vous jusqu'à la fin des temps*" et l'enseignement qu'il nous a laissé durant sa vie humaine - une fois pour toutes - dénonce la recherche d'un faux bonheur. Pour Lui, les heureux ne sont pas les riches, les repus, ceux que l'on flatte et qui excitent l'envie mais heureux ceux qui ont faim de justice et qui pleurent, les pauvres et les persécutés ... le Royaume est à eux ! Heureux ceux qui, écoutant la parole de Dieu, croiront sans avoir vu; heureux les serviteurs vigilants, au service les uns des autres.

S' Il nous a dit tout cela et s' Il a persévéré malgré sa profonde angoisse, c' est qu' Il pressentait dans la nuit même qui, l'accablait, que nous sommes faits pour un <u>monde nouveau</u> dont Il nous montrait la voie ... la voie de la confiance sans condition. Un monde nouveau, une humanité nouvelle où seront surpris de ce qui les attend tous ceux qui oseront rêver, avec Lui, de ce projet de Dieu.

L'avènement du royaume - 2e dimanche de l'Avent-B

Le jour du Seigneur viendra comme un voleur,
alors les cieux disparaîtront avec fracas,
les éléments en feu seront détruits,
la terre avec tout ce qu'on y fait sera brûlée ...
Car ce que nous attendons, selon la promesse du Seigneur,
ce sont des cieux nouveaux et une terre nouvelle

(Extrait de la 2e lettre de St Pierre, apôtre)

L'attente a toujours caractérisé notre foi. Les israélites ont vécu dans l'attente du Messie. Les chrétiens vivent dans l'attente de son retour.

Le Messie ne s'est pas fait voir longtemps mais en partant il a promis de revenir et si même cela dure depuis 2000 ans - deux jours pour le Seigneur - nous attendons encore et toujours son retour.

Saint Pierre interpellait ses compatriotes en disant : "*Vous qui attendez avec tant d'impatience le retour du Seigneur* "

Peut-on dire que notre attente est aussi impatiente ? L'empressement des chrétiens des premiers temps nous paraît actuellement bien naïf et nous laisse méfiants. Le temps qui passe à longueur de siècles, l'indifférence du monde au message du Christ, la persévérance du mal avec son cortège de violences et de criminalités tout cela déconcerte notre foi et nous incite à penser que le monde court plutôt à sa perte. Au fil des ans, la flamme aurait tendance à s'éteindre.

Pourtant, nous continuons à vivre. Nous agissons, nous prions aussi pour que le règne de Dieu arrive. Mais qui aspire vraiment à un renouvellement de notre terre ? Qui travaille réellement pour étendre l'incarnation du Christ qui doit faire éclater les frontières du monde ? Si nous disons que nous attendons " la résurrection des morts et la vie du monde à venir " avons-nous, en réalité, ce désir au fond du cœur ? Partageons-nous quelques fois cette attente comme nous partageons d'autres espoirs ?

Elle est pour nous cette attente comme la levure dans la pâte. Sans levure, la pâte s'effondre sur elle-même. Sans l'aiguillon d'une attente notre vie a tendance à devenir de plus en plus terne, de plus en plus sombre.

Y aura-t-il un ciel pour nous si nous ne le désirons pas du fond du coeur ? Comment renouveler ce désir et l'espérance de cet événement ?

Les disciples de Pierre attendaient du Fils de Dieu la solution immédiate des problèmes et des injustices de la vie. Maintenant, nous pouvons penser que le Christ ne reviendra pas avant que nous ayons nous-mêmes résolu nos problèmes ... ou du moins tenté de le faire. Comment alors concrétiser son attente dans le monde d'aujourd'hui ? Comment faire vivre la grâce de l'espérance pour un monde meilleur ?
Nous ne savons pas ce que le Christ attend encore de nous et ce qu'il attend des puissances du monde pour réaliser son dessein. Mais nous pouvons dire qu'un rassemblement des cœurs et des volontés ne peut que favoriser ce dessein de nous rassembler tous en Lui. Finalement, ce que nous cherchons tous, celui que le monde attend lui aussi, sans nécessairement le savoir, c'est le même Christ que nous connaissons, avec lequel nous communiquons dans le silence ou que nous célébrons ensemble.

En récitant notre Credo, nous répétons à longueur d'année et depuis des générations " Nous attendons la résurrection des morts et la vie du monde à venir " Que notre attente ne soit pas seulement une attente passive, exprimée du bout des lèvres, qu'elle soit une attente active, vécue dans une ferme espérance qui se concrétise par la recherche de l'unité.

Tout ce que nous ferons dans ce sens nous fera chaque jour plus disponible pour l'accueil, de ce monde nouveau, d'abord dans le secret de notre cœur, là où se vit notre foi. Et cette espérance vécue nous rendra plus audacieux pour être ou devenir ce que nous devons être en réalité : les prophètes d'un monde nouveau.

« Tu es celui que nous attendons : Jésus sève du monde »

Dans l'attente de l'avènement du jour du Seigneur.- 2e dimanche de l'Avent C

Comment discerner ce qui est important ?

" ... Et, dans ma prière,
je demande que votre amour vous fasse progresser de plus en plus
dans la connaissance vraie et la parfaite clairvoyance
qui vous feront discerner ce qui est le plus important.
Ainsi, dans la droiture,
vous marcherez sans trébucher vers le jour du Christ. "
(Phil.1,9-10)

Dans ce monde où je vis, Dieu m'a parlé par son fils Jésus, le Christ, qui a vécu lui aussi, comme moi, en tant qu'homme.

Dans ce monde compliqué, sans cesse en évolution, ma référence à Jésus-Christ me permet de vivre en homme libre dans l'attente de l'avènement de son Royaume. C'est là, dans ma référence à Jésus-Christ, que je peux renouveler ma façon de penser. Me référant à Jésus-Christ, je discerne que toute sa vie se situe dans les relations de l'homme avec Dieu - son Père - et avec les autres hommes - ses frères.
Il est venu pour me rendre plus libre en m'apportant la révélation de Dieu. Père aussi de tous les hommes *" Notre Père qui es aux cieux".*
Le chrétien est un homme qui se libère parce qu'il sait, par le témoignage de

Jésus, que Dieu l'aime. Sa liberté est fondée sur la foi en cet amour dont le Christ est le témoin. Jésus a, lui-même, manifesté une liberté totale. Il n'est lié à aucun groupe, aucune structure. S'il est lié à certaines valeurs de la tradition, il s'y réfère aussi pour en proposer d'autres :"*On vous a dit que le Sabbat est très important. Moi je vous dis que l'homme est plus important que le Sabbat.*"

Me référant toujours à Jésus, je constate aussi qu'il a vécu sa vie d'homme en fraternité avec les pauvres. Les enfants, les souffrants, les pécheurs ont retenu aussi son attention. Il fut crucifié parce qu'il contestait les puissants qui imposaient la loi sans discernement et parce qu'il prenait le parti des petits. Indépendance, liberté dans la confiance au Père jusqu'au don total de soi, au mépris du jugement des hommes, fraternité avec les petits et les hommes de bonne volonté, voilà ce que nous apprend la connaissance de Jésus-Christ.

Mais cette connaissance serait incomplète sans la connaissance de sa résurrection qui couronne sa vie, justifie son attitude et nous amène à ne pas prendre modèle sur le monde présent. Grâce, en effet, à la résurrection de Jésus, l'avenir devient pour nous la promesse d'une vie nouvelle où " les derniers seront les premiers ". Et l'espérance de la réalisation de cette promesse nous permet de vivre aussi en hommes libres et en frères des hommes partageant leur sort jusqu'à ce que soit transformée notre société injuste pour s'"ouvrir à ce monde nouveau "où nous aurons en plénitude la justice obtenue grâce à Jésus-Christ " , nous dit l'apôtre Paul.

Munis de la connaissance de Jésus et " d'une parfaite clairvoyance " quant à l'avenir, nous pouvons alors discerner ce qui est le plus important.
Le plus important, n'est-ce pas de vivre déjà sous ce régime nouveau, dociles à l'Esprit de Jésus ressuscité qui se répand dans nos cœurs, si nous lui demandons ? C'est là que nous allons trouver notre ligne de conduite.

" Vous n'êtes pas des esclaves mais des hommes libres "

Jésus nous <u>libère</u> de tout jugement sauf du sien. Il nous <u>libère</u> de toute soumission à une loi aveugle ou du despotisme des personnes. Il nous libère aussi de la recherche exclusive de nos propres intérêts. - " *Cherchez le Royaume de Dieu et sa justice et le reste vous sera donné* " - pour que nous nous mettions joyeusement au service les uns des autres, en vue de la construction de son Royaume de justice et d'amour.

Ce rêve de Dieu, nous pouvons l'accomplir dans la joie malgré les aléas de la vie, parce que conduits par l'Esprit qui nous fait discerner ce qui est important dans notre vie quotidienne.

La vie chrétienne est une vie libre, pas un ensemble d'obligations, c'est un chant de reconnaissance, une confiance en Celui qui met sa vie en nous pour que, comme Lui, nous vivions les uns pour les autres.

Et pour ce travail de renouvellement personnel dans la confiance et le service, il nous redit :

"Je suis avec vous Jusqu'à la fin des temps"

2. TOUT COMMENCE PAR MARIE

Une visite à la cousine - 4e dimanches de l'Avent-C

Marie qui attend Jésus va, nous dit l'Evangile, faire une visite chez sa cousine Elisabeth qui, elle, attend Jean-Baptiste.

Qu'y a-t-il là de plus simple et de plus normal ? C'est là une scène habituelle qui fait partie de la vie des futures mamans. Et c'est ainsi que Jésus entre simplement dans le temps et dans l'histoire comme chacun d'entre nous. Mais sa vie, en entrant dans l'histoire, va aussi pénétrer dans la vie des hommes, dans notre vie.

Il y a des chrétiens aujourd'hui qui doutent de la réalité des miracles que nous rapportent les évangiles. Pour eux, la conception de Jésus en Marie par l'Esprit Saint ne peut être admise à la lettre car il est impensable que Marie ait conçu Jésus sans l'intermédiaire d'un homme, puisque nous ne connaissons pas d'autre manière de procéder. Pourquoi Jésus aurait-il échappé à notre condition?

Comment répondre à cela si ce n'est par un acte de foi ?

Il y a tant de choses qui nous dépassent, même dans la vie courante. Aussi, à plus forte raison en ce qui concerne les choses divines, devons-nous accepter la révélation avec un esprit de confiance et d'admiration.
Dieu qui créa le monde ne peut-il pas aussi inaugurer, par la conception de Marie, un monde nouveau auquel il donnera sa propre vie ?
C'est par Marie qu'il va commencer cet ordre nouveau et ce qu'il produit en Marie il le fera aussi pour nous.
S'il a voulu que Jésus soit incarné en Marie, ne l'a-t-il pas voulu par amour pour nous, pour nous adapter à sa vie divine ?

Le jour de la multiplication des pains, Jésus va effrayer les disciples en marchant sur les eaux, parce que ce n'est pas naturel. Et aussitôt après, ne va- t-il pas aussi effrayer les foules quand il leur dira: « *Je suis le pain vivant* ».
Il fera même de ce pain une question de vie ou de mort : " *Si vous ne mangez pas de ce pain, vous n'aurez pas a vie en vous* " (Jean 6, 50-57).

Voilà qui est encore bien plus effrayant que ce que l'ange dit à Marie "*L'Esprit viendra sur toi et en toi naîtra un fils* " Ceci ne concerne alors que Marie qui était bien loin de penser que ce fils se donnerait plus tard en nourriture aux hommes pour pouvoir vivre aussi en eux.

"*Celui qui me mange vivra par moi* ".
C'est encore tout autre chose !

Pour admettre ces paroles de Jésus, il nous faut, comme il l'a fallu aux disciples, une foi forte comme celle de Marie, une foi capable de surmonter les doutes et les raisonnements, comme, les moqueries et les quolibets qui furent d'ailleurs adressés aux disciples, les acculant même au martyre.

Au commencement, il y a Marie, interpellée par sa cousine, en ces termes :
" *Heureuse celle qui a cru à l'accomplissement des paroles qui lui furent adressées de la part du Seigneur* "(Luc, 1-45).

Et, maintenant, il y a "nous", heureux de vivre les paroles du Seigneur qui sont pour nous "esprit et vie" et dont le "oui" de Marie permet l'accomplissement ... aujourd'hui comme hier et comme demain.

Les vertus de l'accueil - L'épiphanie

Les bergers de Bethléem furent les premiers interpellés par la naissance de Jésus, ensuite sont venus, de leur pays lointain, les rois mages.
Ces situations nous amènent à réfléchir au sens que nous pouvons leur donner.

Jésus, à peine né, attire à Lui des gens de conditions différentes, des pauvres bergers et des hommes de science qui jouissent des biens du monde.

N'est-ce pas là le signe que Dieu, par son incarnation, veut d'abord signaler sa présence aux hommes de toute race et de toute condition. Comme le dit l'épitre de ce jour: " Grâce à l'Evangile les païens sont associés au même héritage."

Il nous fait aussi prendre conscience de l'importance de l'homme, de notre importance à chacun de nous, qui que nous soyons, puisqu'il s'est donné la peine de vivre notre vie. La vie pauvre d'abord a son importance puisqu'il a choisi une vie pauvre. Mais celle du plus riche paraît aussi avoir son importance puisque, à peine né, il attire à Lui des hommes riches et savants.

Un autre enseignement nous est aussi donné. C'est la valeur de l'accueil.

Jésus vient de naître, loin de tous, inconnu, dans une crèche et Marie et Joseph accueillent, avec l'enfant, non seulement des bergers des environs mais aussi les mages amenés vers Lui par une étoile qui, elle aussi, peut être interprétée comme un signe de cette présence bienveillante de Dieu au monde. La " sainte famille" accueille, dès la naissance de Jésus, des gens de toutes conditions. N'est-ce pas le message qui nous est donné en ce jour de l'Epiphanie? «*Soyez aussi présents les uns aux autres* »;.

Que signifie "être présent" ?

La présence est le fait d'un être conscient. Elle suppose l'attention à l'autre, à ce qu'il est par-delà les apparences, par-delà les étiquettes. Elle demande un effort d'écoute et d'accueil. Il s'agit en effet de quitter ses préoccupations pour écouter l'autre : présence de l'époux à l'épouse, des parents aux enfants, du professeur à l'élève, du voisin au voisin, du collègue au collègue, présence aussi à l'inconnu, à l'étranger.

Si nous réfléchissons quelque peu, nous constatons que cette présence n'est pas toujours ce que nous vivons d'habitude. La propension naturelle de chacun d'entre-nous n'est-t-elle pas de s'affirmer en se comparant ? "Quand j'avais ton âge, je travaillais, moi", en s'opposant : "Je ne suis pas d'accord " et, sans le vouloir, ni parfois le savoir, de séparer au lieu d'unir ?

Il faut un réel effort d'humilité pour écouter, accueillir, partager et non s'affirmer, s'opposer, se faire valoir : " Moi, je dis toujours.. " essayer d'amener l'autre à nos idées ou tout simplement l'ignorer : " Pauv' typ "

La présence à l'autre suppose le plus souvent le silence plutôt que la parole, l'attitude, l'intérêt pour l'autre, pour ce qu'il est, ce qu'il attend.

Cette attitude suppose une façon d'être qui nécessite une conversion, cette présence nous rend plus humains et c'est d'abord en devenant plus humains que nous devenons en même temps " signes de Dieu " qui a donné à la vie humaine de chacun toute son importance ... et nous réalisons, dans notre temps et à notre mesure, son RÊVE UNIVERSEL.

Un nouveau mode de relation – La Sainte Famille

Après la naissance de Jésus, "*Lorsqu'ils eurent accompli tout ce que prescrivait la loi du Seigneur, Marie et Joseph retournèrent en Galilée dans leur ville de Nazareth*" (année B)
Et mises à part les trois années de sa vie publique, Jésus passa son existence avec Marie et Joseph dans la situation d'un artisan pauvre.

Les Evangiles ne nous parlent pas de l'existence de Jésus pendant ces trente années. Cependant, cette période de sa vie qui est presque toute sa vie est certainement très importante.

Nous pouvons penser que si Dieu l'avait voulu il aurait pu établir son ordre sur terre avec une légion d'anges et imposer sa puissance. Mais Il ne veut pas la puissance. Ce qu'Il veut- les Evangiles en sont le témoignage - c'est changer les relations des hommes avec Lui et entre eux. Sa royauté, Il voudra l'établir sur les cœurs, non par la force comme les juifs l'attendaient, mais par l'exemple et la persuasion.
Pour cela, Il a payé le prix. " De riche qu'Il était " il est devenu pauvre et Il est venu à un moment où les hommes pouvaient déjà comprendre son message - pour ainsi dire au milieu de l'histoire, entre l'outil en pierre taillée et l'automation.

D'après ce que nous savons des coutumes de ce temps-là, Jésus a commencé à travailler vers l'âge de dix ans comme c'était l'habitude dans son pays. Apprenti, il s'est meurtri les doigts et les mains. Il a appris à se servir d'un outil et non pas à exercer son cerveau. Il n'est pas devenu un intellectuel mais un homme à l'intelligence pratique comme la majorité des hommes. Il était charpentier et, en ce temps-là, le charpentier était l'homme du bois, du fer et de la pierre.

Comme travailleur du bois, Il coupait les arbres, fabriquait ou réparait des meubles fort simples : coffres pour habits, petits tabourets, tables basses, huches, boisseaux. Il a travaillé ce bois qu'Il connaissait si bien et sur lequel il agonisera pendant trois heures. En tant que forgeron, Il a travaillé le fer avec le feu, forgé des clous comme ceux qui transperceront ses mains.
Il a aussi travaillé la pierre. Les maisons étaient petites, les pierres servaient à soutenir les charpentes, souvent dans le prolongement d'une grotte. Il savait l'importance d'une pierre d'angle qui soutient l'édifice. C'est ainsi qu'Il dira à Pierre : "*Pierre tu es Pierre et sur cette pierre je bâtirai mon Eglise* "(Mat 16, 8).

Au long des jours et des semaines, le charpentier était au service des villageois.

Il avait aussi, sans doute, un petit lopin de terre. Il connaissait le travail de la terre. Sa parole en sera toute empreinte dans les paraboles

Comme les habitants de Nazareth, Il connaissait aussi les brebis qui paissaient en troupeau. Il parlera plus tard du bon pasteur.

Homme parmi les hommes, il était ouvrier d'un pays pauvre, en tout semblable à ses frères. Et cependant quelque chose le rendait différent des autres. Marie n'avait pas d'autre enfant et, après le décès de Joseph, Il continua à vivre avec elle jusqu'à l'âge de trente ans. Ses compatriotes devaient se poser la question : " Pourquoi ne se marie-t-il pas ? Pourquoi continue-t-il à vive avec sa mère " ? Il était pourtant chaque jour en relation avec des femmes. Il avait des cousins et cousines. Selon la tradition, il aurait du épouser l'une de celles-ci.

Mais, il y avait entre Lui et sa mère un rapport mystérieux.

Le charpentier qui ne se mariait pas et sa mère, encore jeune, restait veuve et, dit l'Evangile, *"elle méditait les événements dans son cœur »* *(Mt 11,11)*.

N'était-ce pas là une nouvelle sorte d'amour, jamais connu jusque-là, un nouveau mode de relations entre les êtres humains : un amour sans convoitise, sans corruption, sans possession.

" *C'est à ce signe, dira plus tard Jésus, que l'on reconnaîtra que vous êtes mes disciples.*"

C'est de cet amour que nous avons hérité. Et si - pécheurs - nous ne le mettons pas toujours en pratique, il fait quand même partie de notre héritage.[1]

---

[1]   Vie de Jésus d'après " Jésus de Nazareth le charpentier " - de Paul Gauthier- Edition du Seuil
Paul Gauthier, théologien français, a vécu comme ouvrier à Nazareth

Prenons conscience de notre valeur – Jean Baptiste

Jean-Baptiste qui, comme nous le savons, annonçait à tout qui voulait l'entendre l'arrivée de Jésus - le messie que les juifs attendaient - est ce que l'on peut appeler une vedette !
Jésus l'admirera comme le dernier et le plus grand des prophètes. Il dira de lui : « *Parmi ceux qui sont nés d'une femme, il ne s'en est pas levé de plus grand que Jean-Baptiste* ».

Aujourd'hui, qu'est-ce qu'on admire le plus ? La publicité et la propagande font défiler, devant des gens passifs ou médusés, quantité de vedettes d'un jour ou , tout au plus, de quelques années.

Les vedettes de maintenant ne sont pas, en général, des Jean-Baptiste qui nous prêchent la conversion du cœur. Elles s'imposent à l'admiration des foules par la fascination de la gloire, de la richesse, du prestige. Si Jésus a dit de Jean-Baptiste qu'il était une vraie vedette dans le bon sens du terme - le prophète annonciateur de l'événement qui changera les perspectives de la vie humaine - il a aussi ajouté: "**Cependant le plus petit dans le Royaume des cieux est plus grand que Jean-Baptiste**." (Jean 15,5)

Le plus petit de ce Royaume, en effet, aura reçu la grâce de connaître celui qui sera pour lui " *la voie, la vérité et la vie* «. Celui dont les paroles, les gestes, l'exemple, lui dicteront les orientations importantes de ses démarches. Celui qui se donne en nourriture, infuse une vie nouvelle qui, sans séparer du monde, donne la possibilité de se " *garder du mal et de se sanctifier par sa Parole qui est la Vérité* ". (Jean -17)

Posons-nous la question !
Le chrétien qui jouit de ce privilège, qu'en fait-il ?
Qu'en faisons-nous ?

Est-ce par notre référence à Jésus-Christ que nous nous faisons remarquer ? Nous rappelons-nous que se nommer chrétien c'est se définir comme appartenant à Jésus-Christ, comme dépendant de Lui ? " *Je suis la vigne, vous êtes les sarments* ".

Notre foi est-elle un amour ou une opinion ?
Une présence ou une idée reçue ?
Une adhésion éclairée ou une habitude culturelle ?
Un oui joyeux à un appel - qui est délivrance - ou une soumission à des principes jugés - malgré tout - quelque peu gênants ?

En réalité, que pouvons- nous constater autour de nous et peut-être en nous ?
N'est-ce pas quelques fois un christianisme sans joie, sans rayonnement ?
Un christianisme de nom sans rapport avec la vie réelle ? Un christianisme d'opinion et parfois aussi un christianisme sectaire ?
Ce qui est parlant, ce qui paie - comme on dit volontiers maintenant - ce qui paie dans un monde qui n'écoute plus les discours parce qu'il en est saturé, ce sont les gestes de bonté, les actes de service, les contacts simples et chaleureux avec les personnes ... <u>en somme ce qui fait la qualité des relations</u>.

Si les églises se vident, n'est-ce pas parce que nos relations, même avec notre Père, sont devenues elles aussi, routinières ou même indifférentes ? Ne pouvons-nous prendre le temps de vivre, d'être " avec" ... avec **Lui**, et ... avec les autres ?

Petit troupeau, en face d'un monde qui apprécie les valeurs de prestige liées au talent, à la richesse, à la force, à la gloire, il nous appartient de faire apparaître autour de nous, <u>le sens de notre vie</u>.

Si, pour nous, **la charité, l'humilité** la douceur sont des valeurs humaines fondamentales, incarnées par celui que Jean-Baptiste annonce et qui se dira lui-même "*doux et humble de cœur*", si, pour nous, Jésus est la référence et la source de l'amour qui libère alors nous serons ***" plus grands que Jean-Baptiste "*** ... qui fulminait contre les impies.

En Jésus - Christ, tout a été dit
(Jean de la Croix)

Oui, mais tout n'a pas été entendu

L'Evangile résonne de façon neuve

à chaque époque

dans chaque culture

dans chaque personne

S'il révèle sa capacité à faire vivre

il devient

Bonne Nouvelle

pour tous

(Croire Aujourd'hui - N° 172)

3. LES BASES DU ROYAUME

Jésus annonce la bonne Nouvelle- 3e dimanche ordinaire-C

Jésus a vécu la vie simple d'un artisan formé dans la tradition juive. A l'âge de trente ans environ :

> *Il enseignait dans la synagogue des juifs*
> *et tout le monde faisait son éloge.*
> *Il vint à Nazareth où il avait grandi ..*
> *Il lu dans l'assemblée un passage*
> *du livre du prophète Isaie:*
> *L' Esprit du Seigneur est sur moi*
> *parce que le Seigneur*
> *m'a consacré par l'onction,*
> *Il m'a envoyé porter la Bonne Nouvelle aux pauvres ...*
> (Luc 4,15-18)

A-t-il eu tout à coup l'intuition fulgurante de sa mission particulière ? Toujours est-il que, fermant le livre, Il proclama : "*Cette parole de l'Ecriture, c'est aujourd'hui qu'elle s'accomplit.* "

L'actualisation en Jésus de cette phrase de l'Ecriture c'est le commencement du nouvel avenir que Dieu va donner au monde. Cette action de Dieu qui a commencé avec Jésus de Nazareth s'est déployée depuis lors dans le monde entier. Elle se déploie maintenant et continuera à se déployer demain.

"*L'Esprit du Seigneur est sur moi. Il m'a envoyé porter la Bonne Nouvelle*" Et l'Esprit du Seigneur continue son entreprise ... c'est la Bonne Nouvelle pour le monde entier. Elle s'accomplit aujourd'hui, à l'instant même, au-delà de ce que nous pouvons voir, entendre, expérimenter. Nous sommes les témoins d'un événement qui nous dépasse. Nous n'en voyons réaliser qu'une infime partie

Si Dieu est pour nous l'incompréhensible, il vient, par Jésus, au cœur de nos vies ... " C'est, dit un auteur, comme si cent millions de soleils s'étaient tout à coup introduits dans un coquillage ».

S'il est le tout puissant - la splendeur de l'univers en témoigne- il est en même temps, vis à vis de nous, faible, petit, mendiant notre bon vouloir, frappant sans cesse à notre porte : « *Je me tiens à la porte et je frappe* » (Ap 3, 20).

S'il est la clef du monde, celui auquel rien n'échappe, il est aussi pour qui le veut : présence, communion, tendresse.
Dieu est L'AMOUR. Il veut nous faire partager son amour éternel. C'est la Bonne Nouvelle que Jésus va porter dans les villages, parcourant toute la Galilée, "*chassant les mauvais esprits*».

L'Esprit de Jésus est l'ennemi irréductible de celui qu'il appelle " l'esprit des ténèbres " et aussi " l'esprit du monde ". Cet esprit par lequel nous nous laissons tenter quand nous voulons vivre pour notre seul profit, quand nous suivons ou approuvons ceux qui veulent construire un monde sans liberté et sans solidarité, qu'ils soient savants, sages ou puissants. La sagesse du Christ leur est toute opposée : "*Soyez uns comme mon Père et moi nous sommes UN* " (Jean 17,21).

" Soyez UN " !

Après 2000 ans de notre ère - l'ère chrétienne - sommes-nous UN dans un monde où les hommes sont libres, tous frères et non exploités ou ennemis ? Les media nous révèlent chaque jour que les " esprits mauvais " sont toujours à l'œuvre dans le monde mais les media sont aussi les révélateurs des réalisations nationales et internationales vers plus de solidarité et de fraternité.

C'est en chaque homme que l'amour doit vaincre pour que progresse l'humanité. Mais pour transformer le cœur humain au point de rendre tous les hommes frères il faut plus de temps et de patience que pour domestiquer l'univers que l'homme, apparemment, domine petit à petit.

Le rêve de Dieu est encore loin d'être entièrement réalisé mais on peut dire que son projet fait son chemin. Et, dans toutes les églises du monde, nous proclamons que Jésus est le centre et l'animateur de ce monde où progressivement se construit le rêve de Dieu que Jésus appelle son Royaume.

" Mon Royaume n'est pas de ce monde "
mais
" *Il est parmi vous* " !
(Jean 18,36)

Pécheurs d'hommes - 3e dimanche ordinaire - A

Au début de sa courte mission, Jésus choisit quelques amis. Ils jetaient leurs filets dans le lac. C'étaient des pêcheurs. Jésus leur dit : « *Je vous ferai pêcheurs d'hommes*» *(Jean 18, 36).*

Quand j'entends ce passage d'Evangile, je ne peux m'empêcher de penser aux nombreuses vocations sacerdotales, religieuses, missionnaires qui ont fleuri dans nos milieux chrétiens jusqu'au siècle passé ainsi qu'aux réunions et aux grands rassemblements d'Action Catholique qui ont suivi : JOC-JEC-JIC-JAC ... ces rassemblements où nous ne faisions qu'un cœur et qu'une âme dans un élan de foi et d'enthousiasme.

"**Pêcheurs d'hommes**" signifiait pour nous quelque chose qui nous saisissait tout entier. Pour nous, jeunes chrétiens militants, la foi et la mission étaient un absolu. Il n'était pas question d'être pour ou contre, on était " dedans ".
Depuis lors, bien des choses ont changé. Le développement de l'économie a rendu la vie plus confortable et a permis; en même temps, le développement culturel. Les études pour tous, la télévision, le confort et la maîtrise des moyens techniques qui renforce l'illusion de la toute-puissance de l'homme, tout cela a fait en sorte que la foi est devenue pour la plupart de nos contemporains une notion relative, une philosophie parmi d'autres ... quelque chose dont on peut, en somme, se passer.

Se désintéressant du message du Christ transmis par une Eglise - qui entre temps a du se remettre elle-même en question - notre civilisation est devenue une civilisation froide qui a perdu le sens du mystère et le sens de la communion.

Perdant le sens d'un <u>Père commun</u>, nos contemporains ont perdu, en même temps, le sens des relations fraternelles : chacun pour soi ... "J'écrase ou l'on m'écrase ".

Il n'y a plus de Père commun et non plus d'espérance. Tout le monde sait maintenant, sans illusion, que la toute-puissance s'est réfugiée dans les mains de quelques-uns qui en imposent à toute la terre. L'incertitude, l'inquiétude, « l'à quoi bon » règnent dans les cœurs qui ont perdu l'habitude de la prière, de la confiance, de la référence à Jésus-Christ.

La confiance en Dieu et dans la vie, malgré les multiples problèmes, cela s'apprend ailleurs que dans les supermarchés.
Les rencontres gratuites et bienfaisantes cela s'apprend ailleurs que dans les dancings.
La sagesse de vie et la paix du cœur cela s'apprend ailleurs qu'à la TV ou au cinéma.
Mais, c'est bien compliqué de faire retour en arrière quand on a pris l'habitude de considérer ces valeurs comme des choses encombrantes et inutiles et quand , en plus, on a perdu tout contact avec des communautés chrétiennes qui ont, elles-mêmes, perdu leur substance, victimes, elles aussi, de la nouvelle ambiance.

Si nous - ceux qu'on appelle les fidèles, en somme les marginaux de notre époque - sommes encore nourris de foi chrétienne et même abondamment nourris - si nous le voulons - c'est que des gens évangélisés - c'est à dire imprégnés des gestes, des paroles, de l'amour de Jésus - se sont réunis en église, autrement dit en communautés, en groupes de disciples pour continuer à s'évangéliser eux-mêmes et devenir ensuite "pêcheurs d'hommes" autrement dit évangélisateurs des autres.
De génération en génération, ils se sont rassemblés pour réfléchir et prier ensemble; se critiquer mutuellement, s'adapter afin de continuer, à travers l'histoire et toutes circonstances, la mission que Jésus leur a confiée pour la faire aboutir finalement jusqu'à nous.

Le " *Venez à ma suite ...* " (Mt 4,19) de Jésus c'est à nous qu'il s'adresse maintenant parce que c'est nous qui sommes maintenant, dans notre entourage, les dépositaires de sa parole qui oriente et transforme la vie. C'est nous, les quelques fidèles, qui sommes les pêcheurs d'hommes de maintenant. Nous avons la mission d'être ou de devenir des signes vivants afin de permettre à la parole de Dieu de devenir visible ... selon l'héritage que nous avons reçu.

Comment rendre cette parole visible dans un monde livré à tant d'opinions différentes ?
Nous ne pourrons être "signes" qu'en partageant, dans la liberté, la confiance et l'amour fraternel, la même aventure que celle des personnes qui nous entourent.
"En vivant avec eux, en les écoutant, en partageant ce qu'ils vivent, votre joie, votre confiance, votre amour de la vie au-delà des difficultés jusqu'au-delà de la mort, votre pardon sans cesse renouvelé, tout cela - pourrait nous dire Jésus - sera le signe que vous êtes mes disciples."

Cela n'a pas changé !

Le choix des disciples – 4e dimanche ordinaire - A

" .. Regardez bien :
parmi vous, il n'y a pas beaucoup de sages aux yeux des hommes,
ni des gens puissants ou de haute naissance.
Au contraire, ce qu'il y a de fous dans le monde,
voilà ce que Dieu a choisi
pour couvrir de confusion les sages " ...
(Cor.1-26)

A la lecture de Paul aux chrétiens de la communauté de Corinthe, nous réalisons que les chrétiens auxquels il s'adressait étaient, pour la plupart, des gens du peuple, des gens simples qui avaient sans doute été aidés ou guéris par les apôtres.

Les premiers chrétiens écoutaient la parole du Seigneur qui parlait à leur cœur et ils vivaient selon sa loi d'amour. Ils mettaient ce qu'ils avaient en commun. Ils parlaient du Christ ressuscité.
Quel homme sage pouvait admettre d'emblée pareille façon de vivre ? Seuls des insensés, à ses yeux, pouvait accepter de telles extravagances. Et, cependant, ce sont ces insensés qui sont destinés à couvrir de confusion ces sages qui, bien qu'intelligents et instruits, pataugeaient dans leurs contradictions quant à la destinée de l'homme.

C'étaient là les premiers chrétiens qui, disait-on, brûlaient comme un feu dans le monde. Ils seront persécutés par les puissants et les puissants ne pourront détruire la joie et l'espérance qui les habitent.
"Ce qu'il y a de faible dans le monde, voilà ce que Dieu a choisi pour couvrir de confusion ce qui est fort dans le monde".

La lecture des lettres de Saint Paul a le terrible inconvénient, entre autre, de concrétiser l'Evangile dans la vie pratique et ainsi de nous remettre en question. Alors, allons-y courageusement et risquons la comparaison.

Les disciples de Jésus étaient considérés comme des " fous dans le monde "
Et nous, chrétiens d'aujourd'hui, est-ce qu'on nous considère comme des insensés ? Je ne pense pas. En général, on nous dit que nous sommes des gens "bien", rangés, polis, honorables.
Sommes-nous faibles ?
Nous avons des partis, des mutualités, des syndicats, des écoles réputées, des hôpitaux bien équipés, une presse qui se défend bien et... beaucoup d'autres institutions...

N'avons-nous pas aussi quelque part des "connivences" avec les puissants? Ne sommes-nous aussi puissants en quelques lieux du monde ?
Ne sommes-nous pas respectés, entendus parce que nous avons de fortes institutions de sorte qu'on ne voit plus guère que nous sommes autre chose qu'une force dans la société, une force qui, comme d'autres forces, suscite l'attention ou la critique suivant l'intérêt du moment ?

En passant par l'une ou l'autre de nos institutions y respire-t-on un parfum d'Evangile ? Y trouve-t-on l'espérance, la joie, le désintéressement, le partage ? Le Christ nous a-t-il demandé de nous mettre à part, dans de solides institutions ou nous a-t-il demandé d'être "ferments" dans le monde, avec ou sans institution, à l'intérieur et en dehors de nos institutions ? Faibles, modestes, méprisés peut-être mais forts de la sagesse et de l'amour du Christ.

Ne nous y trompons pas, ces chrétiens, ces faibles, ces petits, ces insensés dont parle l'apôtre Paul, ils étaient branchés sur la puissance de l'Esprit. Ils opéraient, disent les actes des apôtres, des signes et des prodiges.

Nous sommes fiers de nos institutions, de nos partis, de nos syndicats, de nos écoles, de nos cliniques ... cela se voit, cela compte, c'est solide, non seulement les bâtiments mais tout ce qui s'y réalise. Mais, en dehors de nos célébrations officielles, osons-nous être "signes " de Jésus-Christ ?
Nous sommes parfois guindés dans notre foi. Nous ne voulons pas paraître ridicules. Nous sommes raisonnables et nous tenons à nos habitudes que nous ne voulons pas bouleverser.

A côté de nos institutions chrétiennes, il y a aussi de fortes institutions. Les autres ont aussi de belles réalisations pour le développement de l'homme, les soins de santé, le soutien des pauvres. Eux aussi veulent être forts, sages, bien éduqués. Ils se conduisent aussi suivant la saine raison et ils ont aussi leurs habitudes.

Comment pouvons-nous étonner, interpeller dans la vie de tous les jours si on ne voit pas en nous le signe de Jésus-Christ ? Si l'on ne voit pas que notre SAGESSE c'est Jésus qui nous guide au-delà même de la raison ? Si l'on ne voit pas que notre JUSTICE ce n'est pas ce que nous réalisons mais Jésus - amour universel - qui nous anime dans notre action ?
La question pour nous est-elle avant tout de chercher à survivre dans nos œuvres ou d'abord d'être "humbles ferments", "sel", ou "lumière" avec ou sans institution, en dehors ou en dedans.

"Celui qui veut s'enorgueillir qu'il mette son orgueil dans le Seigneur "

Vive la liberté – 5e dimanche ordinaire - B

*"Partons ailleurs, dit Jésus,
dans les villages voisins,
afin que là aussi je proclame la Bonne Nouvelle;
car c'est pour cela que je suis sorti".*
(Marc 1, 29-39)

et Paul dira:
" Malheur à moi si je n'annonce pas l'Evangile "

Qu'ont-ils donc tous les deux de si important et de si pressant à nous dire ?

*" Vous êtes tous les fils d'un même Père ": dira Jésus.
" Il n'y a plus ni homme, ni femme, ni juif, ni grec, dira Paul,
et il n'y a plus d'esclave.
Vous êtes tous des hommes libres...
et si le Christ vous a libéré
c'est pour que vous soyez
vraiment libres. "*
(1 Cor, 9-16)

C'est cela que Jésus est venu nous dire et que Paul répète après lui. Nous sommes des hommes libres et si nous sommes des hommes libres, nous ne devons plus craindre ni le péché, ni le mal, ni la mort.

Jésus guérit les malades pour les libérer de leurs souffrances. Il chasse les démons pour libérer de l'emprise des mauvais esprits.
Il ne craindra aucun de ses accusateurs, aussi puissants qu'ils soient pour que nous soyons libérés de la crainte des hommes.
Il ressuscite pour nous libérer de la mort.

La LIBERTE, c'est cela que Jésus apporte à tous les hommes, quels qu'ils soient et pour que nous puissions toujours nous libérer, il reste avec nous *jusqu'à la fin des temps.*
Si l'Eglise, les sacrements, la prière ne font pas de nous des hommes et des femmes plus libres, ne sommes-nous pas à côté de la question ?

Pour Jésus, il n'y a pas d'obligation. il n'y a que la liberté dans la docilité à son esprit qui, dit saint Paul, " *est répandu dans nos cœurs* " ... Si nous le voulons, ... car, là aussi nous sommes libres de l'accepter ou de l'ignorer. Mais si nous voulons la liberté que Jésus nous apporte, il nous faut accepter de laisser vivre, en nous son esprit.

Son esprit, en nous, va nous permettre de satisfaire ce besoin fondamental que nous appelons " LIBERTE ". Le souci de Jésus est de nous libérer d'entraves et de chaînes qui peuvent faire de nous des " possédés " et des " esclaves ".

Son premier commandement : « *Tu aimeras ton Dieu de tout ton cœur et de tout ton esprit* " me libère en me tournant vers Celui qui me donne l'être, le mouvement et la vie. Il me décentre de moi-même, de mes propres limites où je pourrais ne jamais cesser de tourner en rond. " *Tu aimeras ton prochain comme toi-même* " est son deuxième commandement.

Libéré, par le premier, du souci exagéré de moi-même, je suis disponible pour mon prochain que je pourrai aimer comme moi-même ... si je m'aime moi-même d'abord, car s'aimer soi-même n'est pas si courant qu'on le pense. Ceux qui s'aiment vraiment, tels qu'ils sont, ne courent pas les rues. On veut souvent autre chose : être plus, avoir plus, paraître mieux… et ainsi le temps passe sans qu'on se rend compte que l'on est encore, par-là, soumis à une sorte d'esclavage.

M'aimer comme Dieu m'aime, en ne pensant pas trop à moi pour m'en remettre simplement à Lui, me rend disponible à mon prochain qui est appelé à devenir, lui aussi, un homme libre.

" Là, où est l'esprit du Seigneur, là est la liberté "

Les exigences de la liberté   - 6e dimanche ordinaire - A

" Je vous le dis
si votre justice ne surpasse pas celle des scribes et des pharisiens
vous n'entrerez pas dans le Royaume des cieux.
Vous avez appris qu'il a été dit aux anciens :
tu ne commettras pas de meurtre ...
Et bien moi je vous dis :
tout homme qui se met en colère contre son frère
en répondra au tribunal.
Vous avez encore appris ... moi je vous dis ...
(Mat.5.20-37)

A la lecture de ce passage d'Evangile, nous pourrions penser, à première vue, que Jésus a laissé une législation tatillonne et encombrante.

" Vous avez entendu ... Ce n'est pas assez. Moi je vous dis ...
Vous avez appris ... Ce n'est pas assez non plus. Moi je vous dis ...
il a été dit ... Ce n'est pas encore assez... "et ainsi de suite !

Cependant, à bien y réfléchir;, nous pouvons nous rendre compte que ce que Jésus nous dit n'aura d'autre but que de sauvegarder notre liberté et notre dignité.
" Non seulement tu ne tueras pas, mais tu ne te mettras pas en colère " !
Cet homme que tu insultes est ton frère et ce frère tu le respecteras à tel point que " *tu ne prieras pas avant de t'être réconcilié avec lui* ".
" Non seulement tu ne commettras pas d'adultère mais tu ne désireras pas la femme de ton frère ... ensemble ils ne font qu'un devant Dieu »...
" *Si ta main te scandalises, coupe là* " ! Autrement dit : il vaut mieux vivre handicapé et digne que d'être un homme complet et bien bâti mais qui ignore la liberté des enfants de Dieu.
Tu ne feras pas ni ceci, ni cela ! Voilà ce que ne fais pas celui qui bénéficie de la sagesse. " *C'est bien, en effet une sagesse que nous proclamons* ", nous dit Paul dans son épitre aux corinthiens. Mais " *cette sagesse là n'est pas la sagesse de ce monde, de ceux qui dominent le monde et déjà se détruisent. C'est à nous que Dieu, par l'Esprit a révélé sa sagesse* ".
Cette sagesse, c'est la liberté que nous avons de consentir à la volonté et à l'amour de Dieu et de faire le bien non parce que c'est commandé mais parce que, par là, nous devenons de plus en plus libres et joyeux, de plus en plus conformes à nous-mêmes, à notre destinée. Les interdictions de Jésus ne

disent pas tant ce que nous devons faire que ce qui ne convient pas, ce qui est, pour ainsi dire, malséant pour un fils de Dieu.

« Tout est à vous, dit encore saint Paul, le monde, la vie, le présent, l'avenir. Tout est à vous et vous êtes au Christ ».(1Cor 3, 26)

Et quelle chance n'avons-nous pas d'être à ce Christ, vivant sans crainte, de plus en plus établis dans le calme et la joie des enfants de Dieu.

Voilà, direz-vous, un beau rêve ! Mais la réalité, c'est autre chose. S'il y en a quelques-uns qui vivent en fils de Dieu, il y a surtout aussi beaucoup de pécheurs de toutes sortes, dans l'Eglise aussi. Il y a même de très gros pécheurs. Il y a des baptisés : assassins, voleurs, adultères, ivrognes ... Il y a des milieux chrétiens qui acceptent des situations injustes, des dominations économiques, politiques... et qui résistent à un progrès social. Il y a des chrétiens racistes, violents, batailleurs. Il y a des hommes tristement célèbres dans l'histoire et qui ont été marqués du sceau du Christ. Que faut-il en penser ?

Pour nous, Jésus est et reste l'unique modèle. Son Eglise n'est pas sainte parce qu'elle rassemble des saints en laissant les pécheurs à la porte. Elle est sainte parce qu'elle est la gardienne de la parole et des sacrements qui nous relient à lui. Elle rassemble, pêle-mêle, les saints et les pécheurs, les uns nous ramènent au Christ, les autres nous incitent à la miséricorde. Notre liberté d'enfants de Dieu doit se conquérir chaque jour. Cette conquête peut être plus difficile pour les uns que pour les autres. Nous croyons à la communion des saints comme à la rémission des péchés.

A la lumière de l'Evangile, nous pouvons reprendre conscience des exigences du Christ pour la sauvegarde de notre liberté et de notre dignité d'homme. En même temps, prenons aussi conscience de notre faiblesse. Les enfants de Dieu, que nous sommes, nous devons le devenir chaque jour. Nous portons notre trésor dans un vase fragile. Notre liberté est à conquérir, à défendre contre notre orgueil, nos peurs, nos caprices, nos instincts ... et tout cela dans le détail de l'existence... Cela se fait petit à petit.

Nous sommes aussi soumis à toutes sortes d'influences : notre éducation, notre tempérament, notre santé, le milieu où nous vivons.

On pourrait dire que c'est en persévérant et, par conséquent, en vieillissant dans la persévérance que l'on devient de plus en plus disponible à la parole et à la présence de Dieu. C'est cela qui nous sauve, qui fait de nous des hommes libres.

Sachons encore, c'est quelques fois utile d'y penser, que nous sommes tous chez nous dans l'Eglise, peuple de pécheurs confiants et heureux de se savoir travaillés par la présence toujours vivante de Jésus qui est prêt à nous accueillir <u>là où nous sommes</u> pour nous pousser en avant vers
plus de liberté, plus de joie, plus d'espérance.

Aimez vos ennemis - 7e dimanche ordinaire - A

" ... Vous avez appris qu'il a été dit ;
Tu aimeras ton prochain et haïras ton ennemi.
Et bien moi je vous dis : aimez vos ennemis
et priez pour ceux qui vous persécutent
afin d'être vraiment
les fils de votre Père qui est aux cieux "
(Mat. 5, 43-48)

Quand Jésus dit : " *Aimez vos ennemis* ", il prononce une parole révolutionnaire. Pour les juifs qui étaient cependant le peuple de Dieu, il n'y avait qu'un précepte en ce domaine : " *Œil pour œil, dent pour dent* ".
Jésus, lui, prêche l'amour, l'amour universel. " *Moi je vous dis de ne pas riposter au méchant* ". " *Du même amour dont le Père m'aime, je vous aime. Aimez-vous* " !

A Pierre qui l'a renié trois fois, il dit par trois fois : *" M'aimes-tu "* ?

Pourquoi Jésus nous demande-t-il d'aimer nos ennemis ?

Jésus ne connaît pas l'efficacité des batailles, de la technique. Il ne connaît pas non plus la vengeance. Il ne connaît que l'efficacité de l'amour. Dans l'Evangile, il n'est question que de cela. C'est pour cela qu'il a bouleversé ses contemporains... sans être cependant compris par la plupart.

Là où les hommes ne parlaient que d'obligations et de vengeance, il ne parle que de liberté et de communion entre les hommes.

Ce discours était tellement inhabituel qu'il suscita la méfiance et l'hostilité. Pour les chefs religieux, pour les pharisiens et les docteurs de la loi, Jésus est un blasphémateur. Son comportement est sacrilège. Il viole le sabbat, il conteste la dîme, il ne fait pas le jeune rituel. En plus, il prétend pardonner les péchés et il prêche l'amour des ennemis.

Mais Dieu se moque de ces réactions. Il semble vouloir avant tout que ses enfants n'aient pas une image fausse de lui. Il fera le maximum pour être compris.
Pour montrer que le Père est tout amour et que l'amour est le centre de tout,, le Christ qui l'incarne ira jusqu'au calvaire livrer ce corps dont il fera, pour tous, un pain vivant.

Celui qui s'obstine à ne pas comprendre est-il de mauvaise foi ou n'est-il pas plutôt aveuglé par cet amour qui le dépasse ? ... N'en sommes-nous pas tous là à des degrés divers ?

Si Dieu va jusque-là, c'est qu'il ne veut pas, pour nous, une religion de préceptes et de pratiques avant tout, mais il veut une Eglise faite de volontaires qui mettront l'amour dans l'humanité. Une Eglise pour laquelle l'apostolat sera un apprentissage continuel de l'amour. Si des membres de cette Eglise font ou veulent autre chose, ils ne sont pas dans la volonté de Dieu qui s'est manifestée <u>toute entière en Jésus-Christ.</u>

Et quand, moi chrétien, je m'adresse à ce Père et que je dis " Notre Père " avec tous mes frères, je le dis pour tous ceux qui en ont besoin et même pour ceux qui me persécutent.
Il faut que les uns prient pour les autres, pour toute l'humanité, pour que les hommes apprennent à s'aimer.

L'égoïsme est le péché à la racine de tous les autres et l'égoïsme ne se détruit pas seulement par une absolution. Il faut se mettre à aimer pour le détruire et aussi communier au corps du Christ pour que son esprit s'épanouisse en nous.

" Mon Père pardonne-leur : ils ne savent pas ce qu'ils font ".
(Luc 23,34)

Ne jugez pas   - 8e dimanche ordinaire -C

" L'homme bon tire le bien
du trésor de son cœur qui est bon
et l'homme mauvais tire le mal
de son cœur qui est mauvais."
(Jean 6,45)

Nous n'avons pas à déclarer qu'un tel est bon et un tel mauvais.
Nous n'avons même pas à retirer la paille que nous voyons dans l'œil de

notre frère ...à moins que nous n'enlevions la poutre qui est dans le nôtre.
" Comment peux-tu dire à ton frère : Frère, laisse-moi retirer la paille qui est dans ton œil, alors que tu ne vois pas la poutre qui est dans le tien," ? (Luc 6,42)

Jusqu'au jour du jugement, Dieu lui-même patiente et ne juge pas. Il n'enlève pas la mauvaise herbe, sinon il aurait arraché, au temps de leurs années folles des : Paul, Augustin, Charles de Foucauld et d'autres encore qui sont au palmarès des saints. Il nous demande, à nous aussi, de ne pas entraver la liberté des autres.

Essayons de nous regarder dans cette expérience que nous faisons chaque jour, inévitablement : <u>le jugement de nos frères.</u>

Dans une rencontre d'autrui, d'une personne ou de plusieurs, en famille ou sur le plan social, je ne peux pas ne pas exercer mon intelligence. Il est nécessaire que j'utilise l'échelle des valeurs sur laquelle j'essaye de construire ma propre vie. Cela m'amène à qualifier la façon de voir ou de vivre d'autrui et je dis :" Pour moi, ceci est vrai, ou ceci est faux. Ceci est juste, ceci est injuste " etc... Mais je peux exercer mon jugement avec ou sans amour.
Si je ne vois qu'une partie de la réalité, la partie superficielle de quelqu'un, je dis : " C'est un malhonnête " - " C'est un paresseux ". J'ai, peut-être, une poutre dans l'œil, je suis aveuglé. Je ne vois pas le passé ou la situation de l'intéressé qui peut expliquer sa façon d'être ... et j'en reste là ... Je ne vois pas non plus ses autres possibilités. Je juge sans amour.

" Tu te trompes, dit Jésus, enlève d'abord la poutre de ton œil et tu verras clair pour retirer la paille qui est dans l'œil de ton frère ... " (Mat. 7,5)
Autrement dit, "Juge avec amour ".

<u>Juger avec amour,</u> c'est ne pas méconnaître les défauts, les limites, les défaillances de quelqu'un mais c'est, en même temps, voir ses possibilités, ses valeurs positives. C'est le jugement d'amour du père et de la mère à l'égard d'un enfant coupable mais toujours aimé. C'est celui des époux qui s'aiment sans méconnaître leurs défauts. C'est le jugement nouveau des catholiques vis à vis des protestants (et vice versa) hier considérés comme hérétiques, aujourd'hui, comme " frères séparés ".

Jugeant avec amour, je reconnais- en résumé - le double mystère de chacun, la double influence à laquelle nous sommes tous soumis :
- celle de la <u>grâce</u> (ou du bien) qui nous soulève et nous fait porter de bons fruits

- celle du péché (ou du mal) qui nous abaisse et nous fait porter de mauvais fruits.

La parole de Dieu lue dans l'Evangile et qui se répète dans toutes les églises nous dit qu'il ne faut jamais admettre que quelqu'un soit seulement sous la seconde influence. Et Jésus, parole vivante - avec nous jusqu'à la fin des temps - nous dit qu'il est venu, non pour juger, mais pour sauver.

Ne pouvons-nous pas discerner, à travers les événements, la poussée mystérieuse de l'AMOUR ? Ne voyons-nous pas fleurir partout des mouvements de solidarité alors qu'en même temps le mal éprouve le monde ? Que de dévouements sont suscités dans le tiers et le quart monde à travers et malgré l'égoïsme, l'indifférence et la méchanceté des contemporains !

Le temps actuel, qui est notre temps, n'est pas celui de la moisson mais de la croissance des hommes.

"Ne jugez pas pour n'être pas jugés car du jugement où vous jugez on vous jugera et de la mesure dont vous mesurez on mesurera pour vous »
(Mat. 7,1)

Croyez à la Bonne Nouvelle - 1er dimanche de Carême-B

«Les temps sont accomplis, le Royaume de Dieu est là."
(Marc 1,15)

Avant d'annoncer la Bonne Nouvelle, Jésus a passé 40 jours dans le désert ! Or, Il n'aura que trois années de sa vie sur terre pour donner au monde le message qu'il est venu lui apporter et , non content d'avoir passé trente années dans le silence de Nazareth - avant de faire ce que nous appellerions son évangélisation - , il passera encore tant de jours dans la solitude et le jeune.

Si Jésus a pris un si long temps de préparation avant d'accomplir sa mission c'est que ce qu'il va annoncer - sa Bonne Nouvelle - est excessivement important. Et pour connaître cette nouvelle si importante qu'allons-nous faire nous, hommes d'aujourd'hui ?

Nous allons simplement, comme ceux qui nous ont précédés, ouvrir un évangile qui nous rapporte cette Bonne Nouvelle.

" Venez et voyez" furent les premières paroles de Jésus, au début de sa vie publique.
" Lisez et voyez " ! Seulement, il y a tellement de lectures possibles dans le domaine religieux et spirituel que nos ne lisons pas assez les évangiles. Peut-être même nous contentons-nous des passages entendus à la messe du dimanche.

Les paroles sont cependant pour nous une nourriture indispensable. Elles ont le pouvoir de dilater notre cœur, de dissiper nos fatigues, nos inquiétudes. Elles nous guident et nous laissent pénétrés du grand amour de Dieu pour nous.

Il y a plusieurs façons de lire un évangile - qu'il soit de Jean, Luc, Marc ou Mathieu. Il faut employer la bonne. Certains le referment à la première tentative parce qu'ils le trouvent trop exigeant. D'autres le parcourent en dilettante, sans penser que cet évangile nous est donné non seulement pour être lu mais pour être vécu en compagnie de celui qui nous y donne rendez-vous. D'autres encore veulent le comprendre et le mettre en pratique à l'aide de leur seul raisonnement et sont, à un moment donné, arrêtés par des contradictions apparentes.

Avant toute lecture d'un évangile, rappelons-nous que celui-ci a été inspiré par l'esprit de Jésus. Pour accepter et mettre en pratique ses paroles il faut renoncer à notre logique personnelle et à notre raisonnement forcément limité, sinon nous risquons de contredire un passage sous prétexte d'en pratiquer un autre.

La sagesse de Jésus ne pourra agir en nous que si nous lui laissons la place, si nous l'écoutons avec docilité en renonçant à nos idées propres, en devenant devant lui comme un enfant. C'est Jésus lui même qui nous y invite : " *Si vous ne devenez comme de petits enfants, vous n'entrerez pas dans mon Royaume.* " (Math. 18, 3)

L'évangile devient simple si nous écoutons, au dedans de nous, les paroles de Jésus en laissant pénétrer et agir ces paroles qui sont des paroles de vie " qui ont un pouvoir surprenant ". (Fr.Dolto)

Tous les textes sont courts et pratiques. Ils tiennent dans un petit volume que nous pouvons mettre en poche ou dans une sacoche.

Chacun peut y trouver sa nourriture suivant ses dispositions personnelles, sa préoccupation dominante, l'événement ou l'inspiration du moment. On peut trouver au même texte de multiples applications ... Des milliers de volumes ont été écrits sur les évangiles. Ainsi, on peut lire l'évangile sans cesse et y découvrir des choses nouvelles pour nous, à condition de nous laisser pénétrer par ces paroles.

" Convertissons-nous et croyons à la Bonne Nouvelle " et alors nous prendrons conscience que notre vie d'enfant de Dieu, reçue en germe au baptême, devient pour nous réalité.

" Je suis la Voie, la Vérité et la Vie."

Celui-ci est mon fils, écoutez-le... -   2e dimanche de carême-C

"Celui-ci est mon fils bien-aimé; écoutez-le"
(Mat.17, 1-9)

Voilà 2000 ans que ce fils nous a parlé et nous parle encore par son Eglise qui est le peuple par lequel il nous annonce son Royaume.
L'essentiel de son message que ses apôtres ont pu comprendre et transmettre a fait son chemin à longueur de siècles. Porté par la fidélité des disciples, sans cesse renouvelés, et sous l'impulsion de l'Esprit, il a traversé l'évolution des civilisations, les gloires et les vicissitudes de l'humanité.

Nés sous forme de communautés, l'Eglise s'est répandue par la communion de communautés, chez les juifs d'abord ensuite chez les romains et chez les barbares ... nos ancêtres.

Heur et malheur, ambition des uns, ignorance et nonchalance des autres ont, au cours des siècles, atténué son message de communion. Dans nos pays d'occident, la traversée ne s'est pas faite non plus sans dommage. Se substituant aux sociétés défaillantes, les dignitaires de l'Eglise ont fait du message de l'évangile un instrument de civilisation. L'emprise ecclésiastique et le conformisme qui s'est installé n'ont pas favorisé dans l'ensemble du peuple chrétien - devenu " foules anonymes " - le dynamisme nécessaire pour communiquer ce feu " qui doit embraser le monde ".

Nous les aînés de maintenant, nous avons connus dans notre jeunesse les derniers moments de ce temps appelé " temps de chrétienté ", temps d'un christianisme plus sociologique et culturel que véritablement évangélique.

C'est sans doute pour cela que maintenant où l'on en revient à un désir de " communion" nous en avons, pour ainsi dire, <u>perdu la recette.</u>

Mais le message a continué son chemin et le concile Vatican II nous a heureusement rendu, à tous les baptisés, nos privilèges longtemps tenus sous le boisseau ... Pour beaucoup, hélas, la foi elle-même est minée à la base.

Maintenant, un long travail est à faire, une " reconversion " pour redécouvrir le " cœur " du message. Si nous transposons cela à notre niveau, nous pouvons dire que nos paroisses pourraient s'épanouir en communautés fraternelles si, dans chacune d'elles, renaît un groupe de chrétiens enracinés dans la foi en la présence du Christ parmi eux, car c'est avec lui que s'écrit la véritable histoire des hommes. " *Celui-ci est mon fils, écoutez-le* " !

Comment faire exister un groupe de chrétiens de cette espèce ?

D'abord en redonnant au mot " chrétien" toute sa signification. Ce n'est pas la bonté et la générosité seulement, ni la pratique religieuse qui peuvent caractériser un groupe de chrétiens mais la conscience vive de leur foi et une adhésion de plus en plus <u>personnelle</u>. Ensuite, un <u>amour mutuel</u> entre ces chrétiens qui forment entre eux une vraie fraternité, non pas une fraternité de surface, mais une fraternité qui se construit par une conversion journalière pour tisser entre eux des liens d'amour qui sont, comme le dit saint Paul " *les jointures même du corps du Christ* " .

Nous sommes bien obligés de vivre dans un monde où les relations ne sont pas précisément celles que nous inspirent notre foi. Basculant tantôt d'un côté, tantôt de l'autre, nous ne trouverons notre équilibre que dans une vraie communauté d'Eglise *" en tenant bon tous ensemble dans le Seigneur"* (Ph.4, 1).

              Le Seigneur est ma lumière et mon salut

Il est heureux que nous soyons ici – La Transfiguration - - 2 e dimanche de Carême-B

Jésus prend avec lui, Pierre, Jacques et Jean,
et les emmène, eux seuls, à l'écart sur une haute montagne.
Et il fut transfiguré devant eux.
Ses vêtements devinrent resplendissants,
d'une blancheur telle
que personne sur terre ne peut obtenir une blancheur pareille ...
(Marc 9, 2-3)

Les apôtres sont d'abord effrayés et puis, ils se sentent bien et ils veulent rester là: "*Dressons donc trois tentes ...* ".

Dans une étude intitulée " La vie après la vie " le docteur Moody rapporte une cinquantaine de témoignages dans un grand nombre de récits. Ces récits venaient de personnes ayant affronté la mort ou qui furent arrachées à une mort temporaire. Toutes sont unanimes pour dire qu'elles se sont trouvées en face d'une " lumière blanche d'un rayonnement indescriptible " et toutes ont affirmé que, pour elles, il s'agissait d'un être de lumière, une personne toute remplie de chaleur et de tendresse en face de laquelle elles se sentaient merveilleusement bien.

Cs récits, qui sont des récits d'expériences vécues, si je les mets en parallèle avec le récit évangélique de la Transfiguration, m'amènent à penser que les hommes - les apôtres comme les témoins du docteur Moody - se sentent bien, sont heureux lorsqu'ils sont en face d'une présence particulièrement vivante, aimante, accueillante qui, en l'occurrence, se présente sous la forme d'une lumière resplendissante.

Le besoin d'une telle présence est, en somme, un besoin fondamental qui , selon les données de la révélation, sera comblé dans l'autre monde, autrement dit : dans une autre dimension de l'existence.

Jésus, lors de la Transfiguration, en donne, pour ainsi dire, un avant-goût à ses disciples avant la terrible épreuve de sa passion.

Qui, parmi nous, n'a pas apprécié la douceur subtile, la paix que répandait sur lui, enfant, la présence de sa mère à tel point que - sauf exception -

même à l'âge adulte il peut encore expérimenter cette paix.

Des fiancés, comme de vieux époux, apprécient, et souvent même dans le silence, la présence de l'autre. Cette présence les épanouit ou les apaise. Le visage d'un mourant se pacifie lorsqu'une présence amie se manifeste et lui prend la main. Une présence attentive, aimante, fraternelle donne à la vie une coloration plus chaleureuse, elle suscite la confiance.

Dans des prisons de Suisse ou de France, des petites sœurs de Charles de Foucauld vivent, avec les détenues, la même vie de travail, de corvée, de silence sans faire de morale, sans intervention auprès de l'une ou de l'autre. Seulement une présence silencieuse. Et, petit à petit, les détenues perdent leur ruse, leur méfiance. Elles retrouvent leur confiance en quelqu'un d'autre. Première étape nécessaire avant de pouvoir rentrer en elles-mêmes, se reconnaître et ensuite être disponibles pour faire un pas vers Celui qui est venu nous décharger de nos angoisses et nous donner sa présence pacifiante.

Sur la montagne, Jésus dévoile une présence resplendissante, sa présence divine et les apôtres entendent la vois du Père leur dire : "*Celui-ci est mon fils bien-aimé, écoutez le*". (Mat. 3, 13-17)

Ce fils dont la mission principale et d'apporter aux hommes sa présence, cette présence qui va combler la distance apparemment infranchissable entre eux et le Père, entre les hommes et le Créateur : " *Celui qui m'a vu, a vu le Père* ". (Jean 14,9)

Tout au long de sa vie, voilant sa divinité, Jésus partage humblement la vie de tous. Mais il va pouvoir nous dire parce que il y aura la résurrection : "*Quand deux ou trois seront réunis, en mon nom, je serai au milieu d'eux* ". (Mat. 18, 20)

Sommes-nous attentifs à cette présence invisible au milieu de nous ?

Même si sa présence est invisible à nos yeux de chair,
si elle est " *comme de nuit* "
et non pas resplendissante,

Il est heureux qu'il soit toujours avec nous.

4. DES PAROLES DE VIE

Réveille-toi, toi qui dors - 5e dimanche de Carême-A

Jésus ressuscite son ami Lazare
enseveli depuis 4 jours

Dans la lecture de ce jour, saint Paul apôtre commence par faire une distinction entre la chair qui conduit à la mort et l'esprit qui conduit à la vie.

" *Frères, sous l'emprise de la chair, on ne peut plaire à Dieu. Or vous vous n'êtes pas sous l'emprise de la chair, mais sous l'emprise de l'Esprit, puisque l'Esprit de Dieu habite en vous». (Rom. 8,1-11)*

Quand Paul nous parle de l'emprise de la chair il englobe non seulement nos besoins corporels et matériels mais tout ce qui fait la vie sur terre.

Dans ce domaine, ne commettons-nous pas une erreur grave quand nous plaçons la foi en Dieu hors des réalités de la vie ? ... de cette vie terrestre qu'il nous faut vivre nécessairement, mais ... *sous l'emprise de l'Esprit qui habite en nous.*

Si la foi est un compartiment en dehors de la vie, si elle ne se vit qu'en certaines circonstances, si elle devient un domaine à part, sans éclairer les autres domaines, elle ne se vit pas sous l'emprise de l'Esprit qui nous habite ... Elle paraît finalement comme inutile. Elle devient inefficace.

Beaucoup de chrétiens ont pu, au cours de leur jeunesse, rencontrer Jésus-Christ et ils ont pu être sûrs, à un moment donné, que jamais rien ne pourrait les séparer.

Vivre un idéal est relativement facile quand on est jeune. On n'est pas confronté aux réalités de la vie. Mais, dans la suite, la vie exige plus qu'on ne pouvait l'imaginer. Le temps est pris par la profession, la famille, les nécessités et les distractions de la vie. Le cœur est encombré. Qu'est devenu le Christ rencontré jadis ? On n'a plus le temps, ni de place et finalement plus de goût pour lui. Il est devenu lointain, parqué dans les nuages ... Tous les domaines de la vie ont été, petit à petit, vécus en dehors de lui, " *sous l'emprise de la chair* " ... Que viendrait-il y faire ?

Si, à certaines occasions - baptême d'un enfant, messe de mariage ou de funérailles - on tente un retour sur le passé, on ne découvre plus rien qui puisse correspondre à un besoin actuel. Il reste peut-être une certaine nostalgie, celle d'une illusion perdue ... celle de *"l'emprise de l'Esprit* ".

Que faire alors si cette foi dans laquelle on a grandi n'a plus de place dans les réalités de la vie quotidienne ?

Quand Jésus trouve son ami Lazare dans le tombeau, il lui dit, d'une voix forte : " **Sors de là** " ! Et quand Marie-Madeleine va trouver Jésus, aussi dans son tombeau, Jésus, qui était en réalité à côté, lui dit : " **Va dire aux autres que je suis là** " !

Ne restons pas à regarder un tombeau vide !

" Je vais ouvrir vos tombeaux dit le Seigneur, et vous en ferai sortir. Je mettrai, en vous, mon Esprit et vous vivrez " (Ezéchiel)

Réveille-toi, ô toi qui dors, relève-toi d'entre les morts

Va et ne pêche plus - 5e dimanche de Carême-C

Jésus prend la défense de la femme adultère

Aux scribes et aux pharisiens qui veulent lapider une femme adultère, Jésus dit : " *Que celui qui n'a jamais péché lui jette la première pierre.* "(Jean 8,3-11)

Combien de fois ne jetons-nous pas, nous aussi, la pierre aux autres ?

Ne serait-ce qu'en famille : " Tu vois ce qu'il a fait " ?
- ou aux étrangers ... qui viennent manger notre pain
- à ceux que nous n'aimons pas ... cela nous donne bonne conscience
- en politique : combien de fois l'opposition tend-t-elle la main vers l'autre pour chercher une solution valable pour tous au lieu de lui jeter la pierre à toute occasion ?

Chacun veut s'imposer et condamner l'autre en fonction de ce qu'il est ou de ce qu'il a fait.

En face de Jésus, c'est tout autre chose.
Le passé quel qu'il soit ne compte pas. C'est lui qui le prend en charge.
En face de Jésus, seul compte le présent.
Jésus fait vivre celui qu'il rencontre : " *Va et ne pêche plus* " (Jean 8,7-11)

« *J'oublie ce qu'il y a derrière moi*, dit saint Paul, *et je cours vers le but* »" (Phil.3, 13-14)

Jésus croit aux possibilités de l'homme et lutte contre tout ce qui l'opprime. C'est pour cela d'ailleurs qu'il a été condamné parce qu'il était dangereux. Il menaçait de rompre l'équilibre d'alors.

Jésus était un homme libre qui cherchait à libérer les autres. Sa résurrection a montré que ses prétentions étaient justes. Il a eu raison contre ceux qui l'ont condamné. Sa résurrection signifie qu'un autre monde est possible, un monde avec des rapports basés non sur l'exploitation, la suspicion, la haine ou l'indifférence mais basé sur l'amour, la fraternité, la paix.
Cela veut dire que - pour nous chrétiens et pour tout homme d'ailleurs - est née une espérance et que nous ne pouvons pas - comme nous sommes parfois tentés de le faire - nous résigner au monde et à l'homme tels qu'ils sont encore maintenant.
Jésus nous dit ce qu'il faut être et il nous donne la force de l'Esprit pour construire des relations d'amour entre nous et pour mettre la vie où nous voyons la mort s'installer.

Par exemple, l'Evangile nous fait voir que dans notre société règne l'idolâtrie de l'argent et du progrès économique souvent au mépris de l'homme lui-même. L'Evangile, nous fait voir ce péché présent dans notre cœur et aussi dans les structures de la société. Il nous amène à lutter contre l'obsession de l'argent, en nous-même et dans la société, pour que l'économie soit au service de l'homme mais il ne dit pas ce qu'il faut faire dans ce but, pas plus qu'il nous dit comment aménager le territoire.

Jésus ne dit pas à la femme adultère ce qu'elle doit faire. Il lui dit seulement : " *Va et ne pêche plus* " !
Plus tard, il dira à ses disciples ; « *Vous recevrez une force. Je vous enverrai mon esprit qui vous guidera* » (Actes 21-1,8)

Si nous voulons être réalistes et ne pas sombrer dans l'illusion et dans le découragement en rêvant à des choses impossibles que pouvons-nous faire ? Ce qu'il faut , aujourd'hui - ce sont des sociologues chrétiens qui le disent et nous pouvons penser que l' Esprit les éclaire dans ce domaine qui est le leur -ce qu'il faut, de sont des petites actions précises au niveau de ce

qui est possible.
Les petites actions que nous pouvons faire sont contagieuses et peuvent entraîner une nouvelle façon de vivre. Pour cela, pour faire des petites actions avec persévérance, sans jamais se lasser et sans rêver de transformation totale pour demain, il faut une espérance, une force que peut nous donner la présence du Seigneur : " Je serai avec vous ... "

" *Va et ne pèche plus* " !
" Mets ta force et ta joie dans des actions quotidiennes pour une vie plus humaine ".

Ces actions quotidiennes pour une vie plus humaine feront de notre terre - petit à petit - un monde nouveau qui sera prêt, un jour, à devenir le royaume de Dieu dans toute sa plénitude.
 Ce n'est pas pour demain. Chaque génération fait un pas en avant avec un peu partout des chrétiens parmi les autres comme levain dans la pâte.

Il faut au chrétien un cœur de longue haleine.
(Mr Vincent de Paul)

Faites-le vous aussi -   Le jeudi-Saint

Avant d'entrer dans sa passion, Jésus, au cours d'un repas avec ses disciples, institue l'EUCHARISTIE. C'était le JEUDI-SAINT.

Depuis lors, répondant à l'ordre de Jésus lui-même : " *Faites ceci en mémoire de moi*" (Luc 22,19), l'eucharistie est célébrée régulièrement dans toutes les églises du monde. Aussi, dans la mémoire, parfois confuse, d'un bon nombre de chrétiens, pratiquants ou non, il reste cette conviction que la participation à l'eucharistie est l'essentiel de l'acte de foi. Mais, n'oublions-nous pas que quand Jésus institua l'eucharistie - c'est saint Jean qui nous rapporte la scène - au cours de ce même repas, avec la même solennité et presque les mêmes mots, il institua en même temps le devoir de servir, comme Lui.

Jésus a dit, en effet, en prenant le pain :" *Ceci est mon corps livré pour vous ... Vous ferez cela en mémoire de moi* ". Mais, il a dit aussi après avoir lavé les pieds des disciples :" *Ceci est un exemple que je vous ai donné. Vous ferez de même vous aussi* " (Jean 13-15).Ce qui veut dire que l'eucharistie et le service seront les éléments fondamentaux d'une communauté chrétienne.

Quand je dis: «Je participe à l'eucharistie et je communie au corps du Christ" est-ce que j'attribue la même importance au service des personnes et particulièrement à celles auxquelles Jésus lui-même s'est identifié ?
" *J'ai eu faim et vous m'avez donné à manger. J'ai eu soif et vous m'avez donné à boire. J'étais un étranger et vous m'avez accueilli, nu et vous m'avez vêtu, malade et vous m'avez visité* "(Mat.25-35)

N'est-il pas essentiel pour tous, et non pour quelques spécialistes ou bénévoles, d'être préoccupés du sort des personnes défavorisées d'une manière ou d'une autre ? " Je communie au corps du Christ et je sers comme lui. "

Le concile Vatican II, soucieux de remettre en lumière la notion du service, a restauré un ministère tombé en désuétude et qui avait naturellement sa place dans le paysage des premiers chrétiens : le DIACONAT (diakonos = serviteur).

Désormais, les diacres seront là entre autres pour rappeler que chacun, dans le peuple de Dieu, doit manifester sa sollicitude envers ses frères désavantagés. Quand ils accompagnent le prêtre à l'autel ils y représentent ceux-là qui portent en eux les marques du Christ souffrant et humilié. Leur rôle sera de le rappeler aussi par leur manière de vivre.

Aussi quand un chrétien rencontre un diacre ne devrait-il pas penser seulement : " C'est un chrétien dévoué au service de l'Eglise ", mais ne devrait-il pas plutôt se poser la question : " Qu'est-ce que je fais, moi, pour le service des frères ? "

> *«Ce que vous faites aux plus petits d'entre les miens,*
> *c'est à moi que vous le faites»*
> *(Mat.25-40)*

Alléluia - Christ est ressuscité - Dimanche de Pâques

*C'est ainsi que se saluaient les premiers chrétiens
Ils se rassemblaient, ils chantaient, ils priaient, ils prophétisaient.
Ils se rappelaient entre eux la "Bonne Nouvelle", les textes de l'Ecriture
Ils partageaient leur nourriture et pour célébrer la joie d'être ensemble
Ils renouvelaient l'eucharistie.*

*L'Esprit était en eux
Ils croyaient fermement aux paroles de vie de Jésus.
Ils priaient et ils obtenaient des miracles.*

*Maintenant
cet Esprit, en nous, est le même Esprit
la vie qui était en eux est la même vie
et c'est nous qui sommes les signes du Royaume
Mais nous n'osons plus nous livrer entièrement à cette vie divine
et nous n'accomplissons pas des merveilles.*

IL NOUS FAUT UN ENTHOUSIASME NOUVEAU

*Il est ressuscité, l'Esprit est en nous !
C'est lui qui nous donne cette liberté que les hommes cherchent
comme un trésor perdu.*

*Dieu ne s'est pas fait homme pour 33 ans
il est a jamais présent dans l'humanité.
Il n'a pas pris sa retraite
`"vertébré gazeux derrière un massif d'astres "
mais il continue à vivre parmi les siens
à devenir chair en nous.*

ON NE PEUT PAS ETRE CHRETIEN EN LAISSANT LE CHRIST AU TOMBEAU.

*Il est vivant
son amour résume tout ! Il contient tout !
Laissons-nous aller à notre joie !*

*Soyez dans la joie. Encouragez-vous mutuellement
Soyez d'accord entre vous et exprimez votre amitié
(2 Cor.13,1-13)
Nous sommes vivants pour toujours.*

5. NOS PRIVILEGES

La fondation de l'Eglise   -   3e dimanche de Pâques-C

" Pierre m'aimes-tu ? Pais mes brebis"

Ce qui est particulier dans ce passage d'Evangile (Jean 21), c'est qu'avant de confier son Eglise à Pierre, Jésus se fait reconnaître.
Cet épisode se passe après la résurrection.

Pierre et ses compagnons sont en train de pêcher mais ils ne prennent aucun poisson. Jésus arrive sans qu'ils l'aient d'abord reconnu. Il leur dit : "J*etez vos filets à droite et vous trouverez* ". Ce qu'ils firent et ils prirent un grand nombre de poissons. (Jean- 21,6)

Jésus se fait reconnaître par un signe qui fait entrevoir sa puissance. Alors seulement Pierre le reconnaît. C'est bien lui, c'est Jésus. Il est ressuscité !

Jésus lui dit : *" Pierre m'aimes-tu "* ?

Ensuite il le donnera comme guide à ceux qui croiront en lui : " *Sois le berger de mes agneaux.* "(Jean 21,15-17) Il considère ceux-ci comme ses agneaux auxquels il donne un berger qui partage leur vie; un homme comme eux. La seule condition exigée de lui c'est qu'il l'aime. Pierre l'avait cependant renié lâchement parce qu'il ne croyait plus en Jésus qui, apparemment, avait déçu tous ses espoirs. Mais, maintenant il ne doute plus, il a retrouvé sa foi dans le Messie et quand Jésus lui demande trois fois parce qu'il l'avait renié trois fois : " *Pierre m'aimes-tu* " ? Il répond : " *Oui, Seigneur, tu sais bien que je t'aime*" et Jésus le fait guide des croyants. Cependant Pierre avait commis une faute bien grave.

Ceci nous amène à réfléchir à la façon dont nous connaissons et jugeons les responsables de l'Eglise. Nous pensons volontiers qu'un prêtre et , à plus forte raison, un évêque et encore plus un pape doivent être meilleurs que les autres chrétiens puisqu'ils ont été choisis pour une mission particulière.
Cependant, si nous voyons comment Jésus a choisi Pierre, il ne lui a pas dit : " Tu es le meilleur des apôtres ". Il ne pouvait pas l'être d'ailleurs puisqu'il l'avait renié par trois fois, dans un moment difficile sans doute, mais il l'avait

renié quand même. Au lieu de lui faire un reproche, de le rejeter ou de choisir un autre, il lui fait savoir par sa question posée trois fois : "*M'aimes-tu ?*", qu'il connaît sa faute et que malgré cela il le choisit.

Est-ce que, de notre côté, nous ne faisons pas parfois des complexes d'infériorité quand nous rencontrons des personne qui nous paraissent plus valables que nous et douées de qualités que nous ne possédons pas ?
L'évangile d'aujourd'hui nous rassure ... Jésus ne demande pas d'être meilleur ou plus capable que d'autres. Il demande seulement à chacun, comme il l'a demandé à Pierre : " M'aimes-tu " ?
Chacun peine beaucoup dans l'Eglise actuelle.
Pour la plupart des gens, tout est confus et l'Eglise ne les intéresse guère pas plus que son message ne les atteint. Ceux qui restent fidèles témoignent comme ils peuvent. On fait beaucoup de réunions pour apprendre à bien pêcher dans les eaux troubles et tumultueuses de notre monde ... malgré cela les pêches ne sont pas apparemment miraculeuses.

Jésus cependant est dans l'Eglise comme il était dans la barque de Pierre.

L'important pour nous n'est-il pas de rester dans cette barque et d'y être vigilants pour reconnaître les signes que Jésus adresse à chacun de nous en vue de lui confier une mission petite ou grande, importante ou pas mais que chacun pourra accomplir s'il peut dire, comme Pierre : " Seigneur, tu sais bien que je t'aime " .

Quand l'Eglise aura épuisé toutes ses ressources humaines et que, tous ensemble, nous nous tournerons avec une foi d'enfant vers le Seigneur, alors, une fois encore, il pourra renouveler la pêche miraculeuse ... si chacun dans l'Eglise se fonde uniquement sur sa grâce toute puissante.

" *Sans moi vous ne pouvez rien faire* " (Jean 15-5)

La porte du ciel - 4e dimanche de Pâques-A

" Je suis la porte des brebis "

" *C'est par ses blessures que vous avez été guéris. Vous étiez errants comme des brebis, mais à présent, vous êtes revenus vers le berger qui veille sur vous* ". (1e lettre de Pierre 2,25)

Et l'évangile ajoute ces paroles de Jésus : " *Oui, vraiment, je vous le dis, je suis la porte des brebis. Si quelqu'un entre en passant par moi, il pourra aller et venir et il trouvera du pâturage. Je suis venu pour que les hommes aient la vie et qu'ils l'aient en abondance.* " (Jean 10,7-10)

C'est Dieu qui nous a aimé le premier et a envoyé Jésus pour qu'il soit celui par lequel nous allons passer pour avoir, en abondance, la vie en nous.

Dans la vie courante, nous nous heurtons parfois à des hommes qui ne veulent pas se laisser aimer, qui ne veulent rien recevoir des autres. Ils veulent faire comme s'ils étaient seuls au monde ou comme s'ils étaient les seuls à faire quelque chose de valable.

Nous disons que ces hommes ont le cœur dur. C'est cependant une attitude courante que nous avons dans nos rapports avec Dieu. Nous voulons apporter quelque chose à Dieu, faite quelque chose pour lui. Et cette attitude peut être gênante parce qu'elle peut faire obstacle à sa vie en nous. Nous ne savons pas, parce que nous n'y faisons pas attention - comme les personnes au cœur dur qui ne font pas attention aux autres - nous ne savons pas nous laisser aimer par Dieu ... et cependant Jésus est bien la preuve que Dieu nous aime avec une tendresse infinie.

De nombreux passages d'évangile nous montrent, dans l'enseignement de Jésus et dans ses attitudes, la qualité de son amour. " *Je suis venu pour que les hommes aient la vie et qu'ils l'aient en abondance*" (Jean 5,26) Et l'abondance de la vie qu'il veut nous donner c'est l'abondance de l'amour dont son cœur est rempli. Et cette vie est comme un feu dévorant.

C'est lui qui modèle dans nos cœurs le visage de l'amour dans la mesure où nous nous laissons aimer par lui.

Pour comprendre son commandement :"*Aimez-vous comme je vous aimé*"(Jean 13,34) ne faut-il pas comprendre d'abord comment et combien il nous aime? Comment le comprendre sinon en se faisant disponible à la grâce de Dieu. C'est notre vocation de chrétien.

Mais toutes les déficiences que nous pouvons constater montrent assez que nous ne savons pas mettre sous l'action stimulante de l'amour de Dieu toutes nos capacités d'aimer. C'est pourtant là un point d'une importance capitale, une des conditions nécessaires, non seulement pour notre vie personnelle mais aussi pour le témoignage que nous devons porter au monde.

On ne voit pas en nous quelque chose de la tendresse de Dieu. Même chez les chrétiens consacrés, on ne voit pas toujours ce cœur transformé, rempli en abondance de la vie que Jésus est venu nous donner.

Agir par devoir ou par amour ce n'est pas la même chose. Agir sans amour limite l'action de Dieu en nous et dans les autres.

Un chrétien, cependant, n'ignore pas cette charité divine inlassable dont il est l'objet - charité à laquelle il suffit de coopérer pour être porté, soutenu, poussé par elle.

C'est en passant par la porte des brebis que notre amour trouvera la nuance qui convient pour que cet amour soit un amour sauveur qui donne la vie, même là et là surtout, où nous sommes tentés de ne voir que notre impuissance[1]

> Le Seigneur est mon berger, je ne manque de rien.
> Sur de verts pâturages, il me fait reposer.

Ne craignez pas -   4e dimanches de Pâques-B

" Je suis le bon pasteur "
(Jean 10,11-12)

Le bon pasteur évoque, dans nos souvenirs, un tableau de poésie pastorale telle que le représentaient jadis nos images pieuses : Jésus le bon pasteur portant un agneau sur ses épaules tandis que le troupeau suit paisiblement.

Cette parabole n'est pas seulement une image - très parlante au temps de Jésus, moins pour nous qui avons développé la vie urbaine - mais elle met en vue le problème de notre salut, autrement dit de notre destinée. En réalité, si nous lisons attentivement le texte de l'évangile, nous verrons qu'il évoque aussi une idée de combat. Face au loup, le pasteur mercenaire s'enfuit tandis que le bon pasteur va donner jusqu'à sa vie pour ses brebis.

" *Il n'y a qu'un nom*, dira saint Paul, par toute la terre *qui puisse nous sauver, c'est le nom de Jésus.* " (Actes 4,12). Aussi longtemps que nous ferons partie de son troupeau, de ceux qui gardent sa parole et s'efforcent de la mettre en pratique, nous n'avons pas à craindre le loup, c'est à dire notre ennemi sous

---
[1] Ce texte est inspiré d'une conférence du Père Voilaume, Petit Frère de Jésus.

toutes ses formes : tout ce qui menace notre foi, la liberté de notre esprit, la paix de notre cœur.

Jésus nous connaît, chacun en particulier. Il ne s'intéresse pas aux européens ou aux africains, mais à Jules, Marie ou Mohamed. Il nous connaît d'une connaissance intime, aimante, vivifiante. Il nous aime du même amour que celui qui l'unit au Père " *Que l'amour dont tu m'as aimé, Père, soit en eux et moi en eux"*. (Jean 17,16)

Parce qu'il connaît ses brebis et qu'il les aime, lui, le bon pasteur "*doux et humble de cœur* ", il ne les force pas. Il ne les punit pas non plus - c'est souvent nous-même qui nous punissons. Il les invite gentiment et dans le silence du cœur, il répète à chacun inlassablement : " *N'aie pas peur*" !

Et pour que nous puissions vivre de la vie qu'il nous propose et nous donne, il ira jusqu'à livrer lui-même sa propre vie : " *et je donne ma vie pour mes brebis* " (Jean 10-16) C'est là encore une réalité merveilleuse que nous pouvons admirer sans jamais nous lasser en nous laissant entraîner dans la confiance, même si les temps nous paraissent mauvais, même si nous connaissons la souffrance.

Si nous le voulons, nous pouvons, chaque jour, ressusciter avec lui, renaître, recommencer dans l'espérance. A tout moment, nous pouvons tout déposer en lui : nos soucis, nos peines, nos angoisses ... et nos corps fatigués, comme les pensées les plus absurdes.
Il est le bon pasteur. Il est là pour nous aider, nous soulager. Il nous éclaire et nous rend plus fort.

Si Jésus connaît chacun de nous d'une connaissance particulière et aimante, il ne s'adresse pas seulement à nous. Il a en même temps le souci de rassembler tout son troupeau, tous ceux qu'il aime dans le monde entier.
" *J'ai encore d'autres brebis qui ne sont pas de cette bergerie, il faut que je les conduise avec les autres. Il y aura un seul, troupeau et un seul pasteur* " (Jean 10,16).

Nous pouvons dire, en langage actuel que, comme un bon chef d'entreprise, un bon responsable de communauté, il connaît les situations humaines de chacun. Il s'en soucie et il a, en même temps, le souci de l'ensemble de l'entreprise ou de la communauté.

Un père et une mère connaissent aussi leurs enfants d'une façon personnelle, ce qui est le fruit d'un effort constant inspiré par l'amour. En même temps, ils ont la volonté de donner leur attention à tous.

Mais cette volonté que nous voulons avoir, nous aussi, de connaître et aimer chacun d'un même amour est souvent source de difficultés.

Tournons-nous vers celui qui est responsable de toute la communauté humaine et qui nous dit : " *Je suis avec vous pour que vous vous aimiez comme je vous aime*".(Jean 13-33,,35) Et quand nous communions, laissons-nous imprégner par cet amour qui nous relie à tous nos frères en commençant par ceux qui nous sont proches.

Prions aussi avec insistance pour les pasteurs de nos communautés. Que dans leur sollicitude pour chacun et pour le bien commun ils gardent, sans cesse, leurs relations avec le bon pasteur qui est à l'origine de leur vocation. Qu'ils soient pour tous signes d'espérance et pour nous, les chrétiens, le signe de la fidélité à son peuple.

Je suis le bon pasteur.
Je connais mes brebis et mes brebis me connaissent

6. NOS PRIORITES

Artisans de l'unité - 7e dimanche de Pâques-C

On peut dire que la passion de Jésus pour l'unité avec son Père, communiquée et partagée avec ses frères, a été le testament qu'il nous confie avant de quitter ce monde afin de nous préparer à devenir des artisans de cette unité qui, sans cesse, est à construire dans un monde divisé.

Comme c'est difficile de parler d'UNITE et surtout de vivre dans l'UNITE.

L'homme vit maintenant aux dimensions du monde mais il n'est pas adapté à cette civilisation nouvelle qui le démolit moralement malgré le réseau de liens qui entourent la terre : les communications, les échanges, les solidarités.

Les puissants de ce monde se réunissent pour des ententes qui seront souvent des compromissions motivées par les intérêts et les peurs réciproques : peur de la violence, de la volonté de puissance, de la haine de l'autre. Et, pour chacun de nous, les modes, les idées, la musique etc... n'ont plus de frontières. Tout est coupé sur le même patron reproduit à des millions d'exemplaires par la presse, la télévision, les réseaux "internet".

Comme au temps de la tour de Babel les hommes disent: " *Construisons ensemble* " et l'on impose la paix par la crainte, les modes de vie par la publicité

Cette unité qui s'impose est une sinistre comédie si nous restons divisés entre nous. Les chrétiens eux-mêmes sont encore et toujours divisés malgré les tentatives répétées d'unité. Et pourtant, la parole de Jésus résonne dans toutes les églises du monde, catholiques et autres, depuis vingt siècles : " *Que tous soient uns Père comme toi, Père tu es en moi et moi en toi*." (Jean 17,21)

Et c'est en parlant de nous à son Père qu'il redit, maintenant encore, malgré nos divisions: " *Que leur unité soit parfaite; ainsi le monde saura que tu m'as*

envoyé et que tu les as aimés comme tu m'as aimé " (Jean 17,23)
Cette unité, à laquelle nous sommes conviés d'abord, reste pour nous un mystère dans lequel nous devons pénétrer en contemplant le cœur de Jésus dans une confiance sans borne.

Si, individuellement, nous ne pouvons pas grand-chose pour le monde en dehors de la prière et de nos solidarités, vivons au moins cette unité à notre niveau.
Et, puisque la plupart d'entre nous sommes mariés ou destinés à l'être, vivons cette unité dans l'indissolubilité du mariage. Cette loi suprême des époux chrétiens est la marque dans notre cœur de l'unité de Jésus et de son Père - unité à laquelle est conviée l'humanité entière.
C'est le premier témoignage que nous pouvons donner à ceux qui ignorent ou abandonnent ce mystère de foi et qui tâtonnent et se meurtrissent dans l'incertitude du chemin à suivre.

Face à cette unité des époux, se dresse la division du divorce au sein des familles comme se dresse, face à l'unité des chrétiens, la division des églises et, face à l'unité des hommes, la lutte des nationalismes, des races et des classes. Tout cela est bien opposé à cette unité pour laquelle Jésus priait avant de passer de ce monde à son Père.

A l'exemple de Jésus, l'unité ne peut se vivre que par l'amour. Nous qui le savons, vivons-en, en attendant que, fatigués de passer de batailles en compromis - dans les foyers, dans les églises et dans le monde - les hommes comprennent finalement que pour vivre ensemble il n'y a pas d'autre moyen que de reconnaître que nous sommes tous enfants d'un même Père qui nous aime et nous donne une seule loi, la loi suprême de l'amour.

Celui qui le désire, qu'il boive de l'eau vive, gratuitement.
(Apocalypse de Jean)

Combles de joie - 6e dimanches de Pâques-C

Seul parmi les créatures, l'homme est capable de s'adresser à sa source, à son principe. On pourrait le définir: l'être qui peut parler à Dieu et aussi qui peut écouter Dieu.

Le prophète de l'ancien testament disait : " *Seigneur enseigne-moi à t'écouter, toi qui viens aux lèvres quand nous prions* "

Cette expérience du prophète la venue du Christ l'a rendue plus facile car, en lui, Dieu se manifeste à nous avec un visage humain.

C'est lui, frappant à notre porte, qui nous dit : " *Comme mon Père m'a aimé, moi aussi je vous ai aimé. Demeurez dans mon amour. Si vous êtes fidèles à mes commandements, vous demeurerez dans mon amour ... Je vous ai dit cela pour que ma joie soit en vous et que vous soyez comblés de joie* ".(Jean 15,9)
Mais on peut très bien observer ses commandements sans pour autant avoir la joie en soi. Nous ne serons pas en effet comblés de joie sans un contact fréquent où nous sommes à l'aise dans cet amour où nous pouvons demeurer. Sans cela, au moment de l'épreuve ou des difficultés, nous oublions cet amour dont nous n'avons plus conscience, et nous perdons la joie.

" C'est sûr qu'il y a en nous quelqu'un d'à moitié étouffé qui a besoin de se mettre à l'aise " disait Paul Claudel.

Jésus sait ce dont nous avons besoin. C'est seulement après nous avoir dit que nous sommes aimés et nous avoir invités à "demeurer dans son amour " qu'il ajoute, dans son entretien avec ses disciples : " *Vous êtes mes amis mais ce n'est pas vous qui m'avez choisi, c'est moi qui vous ai choisi pour que vous portiez du fruit.* " (Jean 15,9-17)

Si ma prière - ma méditation, mon oraison - est une vraie prière, elle m'enverra porter du fruit parce que ma prière n'est pas seulement un refuge pour un certain " mal de vivre ". Bien sûr elle m'est d'abord profitable parce qu'elle me redonne l'équilibre. Elle me remet en contact avec celui qui " *commande au vent et à la mer* " (Mat.8.27) et " *a puissance sur toute chair pour lui donner la vie* " (Jean 5,21) ou pour la recréer. En même temps, la prière me rend capable d'entendre ce que Dieu veut et provoque ainsi en moi le désir de témoigner de cet amour permanent dont le monde a tant besoin ... même s'il pousse ailleurs ses investigations.

Elle donne aussi le courage d'accepter d'être des signes de contradiction ou, plus simplement, des gens qui étonnent, qui font que quelques-uns se posent des questions.

Une amitié, quelle qu'elle soit, ne peut cependant survivre si nous ne mettons pas tous nos soins à la garder intacte et vivante à travers tout ce qui pourrait l'ébranler. Mais le chrétien, même s'il souffre dans son cœur et dans sa chair, continue d'aimer parce que , dans la prière, il a contemplé la tendresse de Dieu sur la face de Jésus crucifié ...

Et si nous ne pouvons tout faire pour nos frères que Jésus nous commande d'aimer, nous pouvons avoir la conviction que la joie que nous procure cet amour, où nous demeurons, bien loin d'être une fuite hors des réalités, est, sans aucun doute, le don le plus précieux que nous pouvons partager.

" *Je vous dis cela pour que ma joie soit en vous*
et que vous soyez comblés de joie."

Inspirés par l'Esprit - La Pentecôte

"Si quelqu'un a soif qu'il vienne à moi et qu'il boive ...
Des fleuves d'eau vive jailliront de son cœur."
(Jean 7, 37)

Nous vivons à chaque instant du soleil et cependant nous n'en prenons pas toujours conscience. Ainsi en va-t-il de l'Esprit qui nous pénètre comme le feu dans le fer, souffle de vie qui anime la moindre de nos cellules et auquel rien n'est indifférent. Il sait ce dont nous avons besoin et ce qui nous arrive (Mt 6,25-34 -Luc 12,22-32)

Déjà dans l'ancien testament on parlait de la puissance créatrice toujours à l'œuvre dans l'univers, les profondeurs de son évolution, le cœur de l'homme. On comparait l'esprit de Dieu au vent, au souffle invisible et partout présent - tantôt violent, tantôt doux comme un murmure :

- c'est le vent de Dieu qui plane sur les eaux, lors de la création du monde
- après un vent d'orage, c'est dans un vent doux comme un zéphyr que Dieu parle à Elie.

Ce souffle pénètre chaque événement, l'univers tout entier et surtout l'HOMME; c'est là qu'il est vraiment chez lui, trésor caché, ignoré souvent, mais quelques fois libéré jusqu'au bouleversement de la personne :

- il est : " *l'haleine qui donne vie, le souffle des narines* "(Genèse 1,1)
- " *Je donnerai l'abondance à l'âme épuisée et la profusion à toute âme qui languit*" (Jr.31, 25)

Cette présence au cœur de l'homme, lorsqu'elle et connue et libérée devient comme " *un feu dévorant*». Les prophètes animés par ce feu intérieur vont préparer la venue du Messie.

Ce même Esprit qui planait sur les ténèbres du commencement du monde, ensuite sur le peuple juif, accomplit finalement sa plénitude en Jésus de Nazareth, le Messie attendu. Les premiers mots qu'il prononcera en public son :" *L'esprit de Dieu repose sur moi* "(Luc 4,15-18)
C'est dans l'Esprit, dit l'évangile, qu'il " *tressaille de joie* ", qu'il " *pleure et frémit* ", « *qu'il est troublé* ".
Il vit "*sous la conduite de l'Esprit* " et après avoir quitté le monde, il envoie ses disciples (Jean 16-7) qui passeront les frontières pour venir jusqu'à nous.

Et, c'est par le même Esprit que Jésus continue à venir chez les siens. A notre tour, nous avons été "*baptisés dans l'Esprit Saint et le feu* " (Mat.3-11), saisis par la même impulsion, la même vitalité, la même force. Désormais, là où sera l'Esprit, connu et libéré dans le cœur de l'homme, là aussi régnera la liberté - fruit de sa présence.

Combien de chrétiens ne sont-ils pas cependant comme ceux d'Ephèse qui disaient à l'apôtre Paul " Nous n'avons pas entendu dire qu'il y avait un Esprit " ? (Act19, 2)

Nous qui sommes censés le savoir, cherchons sa présence dans notre cœur, sur le visage de nos frères, sous la surface agitée des événements afin de nous livrer à Lui en vue de l'accomplissement de la promesse de Jésus qui s'adresse à nous comme aux apôtres : " *Lorsque l'Esprit descendra sur vous, vous serez revêtus de force et vous me rendrez témoignage.*" (Jean14, 16) - (Luc 24,49).

Qu'est-ce que l'Esprit nous enseigne à nous hommes et chrétiens du 3e millénaire ?
Il ne nous dévoile pas l'avenir à la façon d'un devin. Cet avenir, nous le construisons à chaque instant. Mais, il nous oriente dans la façon de comprendre, d'accepter les événements quotidiens ou dans la façon de réagir à leur sujet. Il est aussi la source d'un renouvellement perpétuel de la conscience chrétienne pour adapter le message de Jésus au cours du temps qui lui aussi se renouvelle sans cesse.
Il est en somme le don permanent du Christ qu'il nous fait appeler " *Notre Seigneur* "? Il est sa présence au milieu de nous et, dès lors, il nous fait aussi souvenir des enseignements de Jésus pour nous-mêmes. (Jean 14,26). Il est une réalité vivante. Jésus n'a-t-il pas parlé à ses apôtres de l'Esprit qui " viendra, les fortifiera, les guidera. " ?

On peut dire aussi qu'il est impératif pour nous de vivre de cet Esprit qui nous fortifie et nous guide. Mais voilà ! Le problème est que chacun sait que s'il interroge l'Esprit il devra tenir compte de la réponse qui lui sera faite immanquablement sous la forme d'un appel : appel à un changement de vie, de perspective ou de comportement. N'est-il pas plus tranquillisant de ne pas lui poser de question, de ne pas tenir compte de cette présence en se contentant de quelques pratiques religieuses ?

Nous serons, en effet, plus tranquilles. Mais, ne confondons pas cette tranquillité avec la paix de Jésus. " *La paix que je vous donnerai, ce n'est pas à la manière du monde*." (Jean 14,27) C'est une paix qui " *dépasse toute intelligence* ", dira saint Paul. C'est une joie fondamentale « que nul ne pourra nous ravir ». (Jean 16-22). Les actes des apôtres en parle en ces termes : « *La charité qui fait communier les croyants à la vérité leur procure une joie constante.*"

Un autre fruit de l'Esprit est la douceur qui, dit Saint Jean, est le signe de la présence de la sagesse d'en haut. " *Sous son double aspect de calme bonté et d'indulgente modération, la douceur caractérise le Christ, ses disciples et ses pasteurs*". (Actes des apôtres)

La joie, la douceur et aussi la persévérance dans l'action - l'Esprit est un aiguillon qui nous pousse à l'action - tels sont les fruits que l'Esprit produit par sa présence discrète et fidèle.

Nous ne voyons pas et nous n'entendons pas le travail des semences. Elles préparent cependant la moisson en traversant les obstacles. Comme les semences qui préparent la moisson, nous sommes les instruments de l'Esprit qui " renouvelle sans cesse la face de la terre ". Nos indifférences, nos impatiences, nos réticences comme nos prévisions pessimistes et nos récriminations ne peuvent que barbouiller son visage et entraver son travail.

Si nous le voulons, il " fait de nous des fils ", nous comble de ses dons : la liberté, la joie, la paix, la douceur, la persévérance et aussi la sagesse, la force et la lumière et nous réalisons que :

        Son joug est suave et son fardeau léger

Enfants de Dieu - 6e dimanche de Pâques-A

*"Celui qui m'aime sera aimé de mon Père
moi aussi je l'aimerai et je me manifesterai à lui."*
(Jean 14,21)

C'est la Bonne Nouvelle que Jésus rappelle à ses disciples avant de les quitter: " *Vous ne serez pas orphelins. Je prierai le Père et il vous donnera un autre défenseur qui sera pour toujours avec vous.*" (Jean 14,16)

Ce défenseur, il l'appelle " Esprit de vérité,", c'est lui qui donne la conviction que nous sommes aimés du Père. Et Jésus ajoute : " *Le monde est incapable de le recevoir parce qu'il ne le voit pas et ne le connaît pas, mais vous vous le connaissez parce qu'il demeure auprès de vous et qu'il est en vous.* (Jean 17-)
Mais pour être aimé, il y a encore une condition : il faut rester fidèle : « *Celui qui a mes commandements et qui les garde, voilà celui qui m'aime ... et qui sera aimé de mon Père* » (Jean 14,1-3). Et nous savons tous que, bien que vivant dans un pays appelé de chrétienté, cette fidélité-là s'est bien diluée.

Nous avons vécu, pendant des générations, dans un monde de culture chrétienne et cette culture s'est transformée en habitudes qui, petit à petit, ont camouflé la vie chrétienne elle-même. Nous avons, en effet, vécu dans des habitudes de vie chrétienne sans nous sentir, pour la plupart, vraiment concernés, sans nous soucier réellement d'une conversion du cœur. Et quand la vie est devenue plus confortable, nous en avons profité comme les autres, tout en conservant nos habitudes religieuses. Ceux qui nous ont regardé vivre n'ont pas vu de différence réelle entre nous et les autres, entre nous et ceux que Jésus appelle "le monde ".

Ne voyant pas, ou ne désirant peut-être pas voir les avantages d'une vie basée sur la foi en Jésus-Christ, beaucoup parmi les chrétiens eux-mêmes ont opté, consciemment ou pas, pour une vie plutôt matérialiste. Maintenant nos concitoyens, en majorité, ne connaissent pas ou ne connaissent plus l'Esprit envoyé par Jésus pour les habiter. Ne le reconnaissant plus, ils ont perdu la notion du PERE qui les aime et, en même temps, ils ont en perdu la confiance, la simplicité, la joie ... Dans les rues de nos cités que de visages empreints de mélancolie.

Il s'agit, pour nous maintenant, de bien marquer la différence entre la vie de " ce monde " et la vie " selon le christ". C'est par là que nous pourrons donner

notre témoignage en retrouvant notre personnalité.
Je propose quelques pistes parmi d'autres :

Le disciple du Christ est un homme libre. Il a " son franc parlé ". Il a remis sa vie entre les mains du Père. " Il ne relève, dit l'apôtre Paul, du jugement de personne".
Celui qui est du monde se croit libéré mais il est lié, soit à un parti dont dépendent ses intérêts, soit à son argent auquel il s'accroche. Il contrôle sa vie, ses pensées, ses paroles dans le sens de son profit.

Celui qui est du Christ est prudent dans ses engagements et ses relations.
" *Soyez prudents come le serpent* " (Mat 10, 16), mais en même temps, il est accueillant, prêt à rendre service et de préférence à quelqu'un moins bien loti que lui. Il veut la justice pour tous et pardonne à celui qui lui a fait du tort.
L'homme du monde accueille ceux qui le flattent et ceux dont il peut tirer profit. Il organise volontiers des réceptions pour ses supérieurs ou ses semblables mais il ne fréquente pas les " minables ". Il rend service à celui qui le paye en retour. Il est arrogant vis à vis de ceux qu'il estime inférieurs. Il envie ceux qui réussissent mieux que lui et il ne pardonne pas à celui qui lui fait du tort.

Celui qui est du Christ, dit la vérité sans toutefois l'imposer. Il sait écouter les autres. Il est aussi persévérant et fidèle.
Celui qui est du monde se soucie peu des autres. Il change d'opinion selon ses intérêts. Rarement satisfait, il veut sans être mieux, être plus, avoir plus. Il a bon opinion de lui et veille à son "standing".

Le disciple du Christ accepte d'être ce qu'il est avec ses défauts et ses limites. Il n'est pas prétentieux. Il sait qu'il porte un" trésor dans un vase fragile" mais, parce qu'il se sait aimé , il vit dans une paix que le monde ne comprend pas et que personne ne peut lui enlever Il fait confiance à la vie et remet ses soucis entre les mains du Père.

Il n'est pas orphelin

Consacrés dans la vérité - 7e dimanche de Pâques -B

" Père consacre-les dans la vérité "
(Jean 17,19)

Qu'est - ce que la vérité et de quelle vérité s'agit-il ?
Il y a, en effet, plusieurs sortes de vérités.

- Il y a d'abord les vérités toutes simples, des vérités de bon sens:
  - 2+2 = 4
  - l'eau est nécessaire à la vie
- Il y a des vérités scientifiques dont la réalité est prouvée par des expériences : un corps plongé dans l'eau perd la moitié de son poids.
- Il y a des vérités historiques connues par des documents ou rapportées par des personnes de bonne foi : Napoléon a perdu la bataille de Waterloo.

Dans notre langage courant nous appelons " vérité " une parole conforme à la réalité qui tombe sous nos sens. Nous disons : " C'est bien vrai ".
Nous appelons aussi " vérité " une réalité qui se dévoile clairement, évidente, admise par tout le monde. Mais ce n'est pas de ces vérités que Jésus veut nous parler puisque nous pouvons les découvrir par nous-mêmes, sans le secours d'une révélation.

Quelle est alors cette VERITE ?

" *Père, consacre-les dans la vérité. Ta PAROLE est vérité* " et Jean dit, par ailleurs, tout au début de son évangile : " *Le Verbe -c'est à dire la parole de Dieu - par qui tout a été fait et sans qui rien n'a été fait - s'est fait chair et il a habité parmi nous* ". Cette parole, Vérité vivante, s'appelle Jésus, le Christ.
Il reçoit tout l'amour de Dieu, son Père, et s'il nous dit : " *Qui me voit, voit le Père*"(Jean 14,1) et " *Moi, je suis dans le Père comme il est en moi*" (Jean 14,11), il peut aussi nous dire : « *Je suis aussi en vous avec le Père qui est en moi.*" (Jean 14,20)

Même après 2000 ans de christianisme, cette affirmation extraordinaire est toujours d'une brûlante actualité. C'est notre acte de foi :" L'amour éternel et universel est en nous " !

Cette VERITE ne peut être autre chose qu'une vérité toujours vivante, elle est éternelle. Toujours valable à travers les siècles et pour toute l'humanité : elle est universelle. Elle ne peut pas non plus varier suivant les âges, les civilisations, les mentalités.

Etre consacré dans la vérité :
- ➢ c'est s'en remettre à cette présence aimante
- ➢ c'est se laisser pénétrer par cette vérité vivante, personnelle qui nous transforme et fait jaillir en nous les fruits de l'Esprit : paix, joie, bonté, douceur, force, persévérance.

Etre consacré dans la vérité :
- ➢ c'est mettre cet amour au-dessus de toutes les autres valeurs
- ➢ c'est savoir sacrifier ses aises, son confort, des heures de loisir pour participer à une célébration eucharistique, à une réunion de formation chrétienne, une recherche en équipe, en «église».

Etre consacré dans la vérité:
- ➢ c'est se fortifier dans le silence de la prière
- ➢ c'est aussi ramasser ses facultés pour les mettre au service d'autrui et particulièrement des frustrés de cet amour.

C'est à ces conditions que les hommes verront que nous avons une valeur véritable.

Puisse notre présence parmi nos frères être révélatrice de cette VERITE !

Lève-toi - 10e dimanches ordinaire-C

" Jeune homme, je te l'ordonne, lève-toi ".
dit Jésus au jeune homme de Naïm,
déjà figé dans la mort.
(Luc 1,14)

Alors, dit l'évangile, le mort se redressa s'assit et se mit à parler. Et Jésus le rendit à sa mère.

Que m'inspire ce passage d'évangile ?
D'abord il me fait comprendre que le Christ, envoyé du Père, est maître de la vie. Par ailleurs, nous savons que la parole du Christ est une parole vivante,

toujours actuelle. Elle est esprit, elle a, en elle-même, une force de vie. Aussi, je peux penser que c'est à chacun de nous qu'il s'adresse : *"Je te l'ordonne, lève-toi* ".
Nous avons le pouvoir d'animer, en nous, cette vie comme nous pouvons aussi nous opposer à son action ou limiter cette action par notre inertie.

Lorsque Jésus me dit : « Lève-toi va prier notre Père et le louer avec tes frères. Va lui confier ta vie et celle des tiens ", il me donne, en même temps, le pouvoir de le faire, de prier et chanter avec confiance.

Lorsqu'il me dit: " Lève-toi, une telle personne a besoin de toi ", il me donne la possibilité d'aider cette personne.

Lorsqu'il me dit: "Lève-toi, tes frères se rassemblent pour écouter ma parole", il m'accompagne pour partager avec eux.

La parole de Dieu, entendue avec un cœur sincère, m'arrache à ma paresse spirituelle, à une vie qui me conduit déjà à la mort parce que repliée sur elle-même, confinée dans ses peines, ses soucis, ses petits plaisirs, ses habitudes. Chaque fois que, à cause du Christ, je quitte ma vie de préoccupations personnelles et que je le fais pour louer Dieu, pour apprendre à mieux le connaître, pour servir mon prochain, je passe de la mort à la vie. Et cette vie - qui est le commencement de ma résurrection à venir - fait de moi une créature nouvelle.
" *Nous savons, dit l'apôtre Jean, que nous sommes déjà passés de la mort à la vie* ". (1Jean 3,14). Par notre foi, nous sommes déjà des ressuscités, des créatures nouvelles mais cela ne se voit pas assez. Nous y croyons, mais nous n'osons pas aller jusqu'au bout de notre foi et nous laisser aller à la joie de l'espérance que la révélation de cette vie nouvelle doit normalement provoquer en nous.

Nous avons besoin de redécouvrir que nous avons, en nous, une force de vie, une espérance telle qu'elle nous permet de nous ressusciter, de nous relever à partir de nous-mêmes en nous fondant sur cette injonction de jésus:

Je te l'ordonne, lève-toi !

Se reconnaître pécheur - 10e dimanche ordinaire-A

*" C'est la miséricorde que je désire
et non les sacrifices.
Car je suis venu appeler non pas les justes
mais les pécheurs.*
(Mat.9, 13)

Pour entendre l'appel du Christ à se convertir, il faut d'abord savoir et reconnaître que l'on est "pécheur".

Celui qui se croit juste est celui qui ne se reconnaît pas pécheur, parce qu'il se limite à son propre jugement : " Je n'ai pas tué, ni volé, je n'ai pas fait le mal. Je suis un honnête homme».

Depuis que le Christ est venu, personne ne peut dire - même s'il accomplit fidèlement ses devoirs, même s'il n'oublie pas ses prières - " Je ne suis pas pécheur ".

Pour comprendre comment nous sommes pécheurs et ce que signifie notre péché, nous devons nous situer face à Jésus-Christ.

Notre nature humaine et les conditions dans lesquelles nous vivons font que nous vivons dans une condition de pécheur.
Jésus est venu nous libérer de cette condition de pécheur en prenant lui-même notre condition humaine, en passant par la mort et en ressuscitant pour ensuite nous communiquer sa vie.

Les circonstances elles-mêmes de sa mort ont été l'effet d'un péché : trahison de Judas, abandon des disciples, lâcheté de Pilate, haine des autorités juives, cruauté des bourreaux. Le Christ a accepté pour nous le pire de la condition humaine.
Pour celui qui se croit sans péché, le Christ cependant ne peut rien. Il est impuissant, aussi dénonce-t-il le péché partout où il se trouve et surtout au dedans du cœur, source de nos pensées et de nos désirs. Parce qu'il est "amour", qu'il n'a cessé d'aimer pendant toute sa vie, il nous met en face de notre péché. C'est en regardant comment Jésus agit et en écoutant ce qu'il nous dit que nous apprendrons ce qui signifie " aimer ", c'est à dire " ne plus pécher ", car toute sa justice et son message se réduisent finalement à ce seul précepte : " TU AIMERAS "

Et en apprenant ce que signifie " aimer ", nous constatons en même temps notre impuissance personnelle. Nous ne savons ni nous laisser aimer par Dieu, ni nous aimer nous-mêmes, ni les autres fidèlement avec tendresse comme le Christ l'a fait.
La connaissance de Jésus nous fait prendre conscience de notre péché.

Pour sortir de cet état - c'est pour cela que le Christ en venu - il nous faut répondre à son appel : " Je suis venu t'appeler pour faire de toi une créature nouvelle, un humain simple, ouvert, fort, généreux, confiant dans le Père et accueillant pour tous ".

Toutefois si Jésus a triomphé de tout mal par sa mort, il ne pardonne pas sans plus. Il exige au contraire un changement de notre part : " Convertissez-vous "

Le chrétien, l'homme converti qui s'efforce de répondre à l'appel du Christ, n'est plus dans un état de péché parce que Jésus détruit " l'homme ancien ", soumis à ses convoitises comme à ses peurs et lui communique son esprit d'amour qui lui donne force et confiance.

Si nous nous laissons conduire par cet esprit qui est en nous, nous ne pouvons plus pécher. " *Nous sommes déjà passés de la mort à la vie* " (1 Jean 3,14).

Mais nous ne sommes pas toujours fidèles et nous pouvons retomber dans le péché. Nous respirons en plus un air pollué et nous en sommes tous atteints.
Parce que nous vivons dans un monde qui ne connaît pas - ou ne connaît plus - le péché, étant donné qu'il ne connaît pas - ou ne veut pas connaître - Jésus et son précepte d'AMOUR, nous sommes aussi tentés dans ce sens tout en nous réclamant du Christ.

Rappelons-nous alors cette affirmation de Jésus :

" C'est la miséricorde que je désire ...
car je ne suis pas venu appeler les justes
mais les pécheurs. "
(Mat.9, 13)

7. NOS FETES ESTIVALES

La Sainte Trinité

N'avons-nous jamais été bouleversés par cette parole de Jésus : " *Si quelqu'un garde ma parole et la met en pratique, mon Père et moi ferons en lui notre demeure* " (Jean 8, 51-59)

Le Père universel, créateur de tout ce qui existe, habite en nous avec son fils Jésus,, et leur amour veut nous remplir du même esprit que celui qui les anime.
Nous sommes introduits par le Christ au cœur même de cet amour trinitaire qui anime le création et cependant, indifférents à cette révélation, nous nous adonnons à nos occupations quotidiennes, à la poursuite de nos ambitions, à la recherche de distractions, comme s'il n'y avait rien de changé pour nous.

Pourquoi vivons-nous si peu de ce qui nous est donné ? Aveugles et sourds, marchant à tâtons, alors que nous avons cette lumière, cette parole vivante qui nous cherche depuis les commencements et s'est révélée pleinement en notre Seigneur Jésus-Christ ?

" *Qui es-tu, Seigneur et qui suis-je* " ? disait François d'Assise.

"*Que devons-nous faire?*" demandait la foule à Pierre qui titubait de joie à la sortie du cénacle, au matin de la Pentecôte.

Pour tout homme, la réponse est toujours la même. Il faut chaque jour, se convertir et " renaître ". Cela ne va pas sans la foi, d'abord. Et, pour nous qui proclamons notre foi, il faut prier, agir, engager sa vie. Ne plus l'orienter vers la seule réalisation de nos désirs personnels, mais la retourner de sorte que nous vivions comme Jésus nous le demande : en nous aimant, en famille, au travail, dans les loisirs , à travers petites et grandes choses, convaincus qu'un amour invincible nous habite, que cela est important et que le reste nous sera donné : " *Cherchez le royaume de Dieu et sa justice . Le reste vous sera donné*". (Mat.6, 24-34)

Mais nous n'acceptons pas facilement de nous convertir, de dépasser les barrières :
- de notre bon sens : " J'ai la foi et je vais à la messe du dimanche. On ne sait jamais ".
- de notre petite logique : " Alors autant profiter de la vie tant qu'on peut le faire ".
- de notre prudence " Je pourrais bien aider untel, mais où cela va-t-il me mener"?
- de notre façon de voir les choses : " On vit une drôle d'époque. On ne sait pas où l'on va ".

Nous proclamons dans nos liturgies que le Christ est *"la Voie, la Vérité et la Vie"* mais l'est-il dans les détails de notre vie de famille, de travail, de loisirs ?

Quand oserons-nous nous abandonner dans une confiance totale à l'AMOUR qui nous habite, sans faire toutes sortes de restrictions ?
Quand aurons-nous la foi qui transporte les montagnes et fera de nous "*la lumière du monde et le sel de la terre*" ?

N'avons-nous pas facilement trop bonne conscience, menant, sans gêne apparente, une vie tranquille alors que nous sommes habités par un feu dévorant qui couve sous la cendre de nos préoccupations quotidiennes ?

C'est cependant à nous aussi que Jésus s'est adressé quand il nous a confirmé dans son Esprit : ' *Vous serez revêtu de la force d'en haut* ". (Luc 24,49).
N'a-t-il pas dit aussi : " *Vous ferez de plus grandes choses que moi* " ? (Jean 14,12)
Alors le bras de Dieu s'est-il raccourci ? Son amour s'est-il éteint ? N'a-t-il pas affirmé au contraire :   " *Je serai avec vous jusqu'à la fin des temps* " ? (Luc 28,20). Dans ce cas, il faut bien admettre que notre foi n'est même pas " comme un grain de sénevé ".

On parle beaucoup de la nécessité d'économiser les énergies ...C'est l'occasion de nous rappeler que nous avons, en nous-mêmes, une énergie sans cesse renouvelable.

Prenons conscience de notre manque de foi, de notre faiblesse, que la révélation de la vie qui nous habite arrive à peine à soulever.

Ouvrons nos cœurs au souffle de Dieu.
Il est greffé en nous, il respire en nous.
Que renaisse l'esprit de notre " baptême" !

Que s'allume le feu de notre "confirmation" !
Que ce feu nous brûle et nous purifie pour que nous apprenions à vivre de l'AMOUR qui nous habite : au nom du PERE, du FILS et du Saint ESPRIT.
«Vous êtes le temple de Dieu et l'Esprit de Dieu habite en vous.
Le temple de Dieu est sacré et le temple c'est vous»
(1 Co.3, 16)

Le corps du Christ

" Ma chair est vraiment une nourriture "
(Jean 6,53)

C'est l'occasion de nous rappeler, avec plus d'intensité que d'habitude, que l'hostie consacré par le prêtre est réellement le " corps de Christ ".
Ce discernement du corps du Christ sous la forme de pain est à la base de notre vie chrétienne. C'est l'objet de notre foi depuis les apôtres et transmise à travers les siècles par l'Eglise dont nous sommes.

Même si cette affirmation a pu faire scandale et si actuellement elle laisse dans l'indifférence la plupart de nos contemporains, nous proclamons, avec nos frères chrétiens, que le Christ - dont " *tout fut par lui et sans qui rien ne fut* " (Jean 1,3) - se présente à nous aujourd'hui encore comme un simple morceau de pain.

Si en face de ce mystère ineffable, nous prenons conscience de notre indignité, prenons en même temps conscience de notre valeur puisque nous sommes aimés à ce point: " *De même que je vis par le Père, celui qui me mange vivra par moi».* (Jean 6,57)
Devenu pain vivant, Jésus va nourrir notre vie au plus intime de nous-même, cette vie qui fait que je suis " moi " et personne d'autre, cette vie qui doit durer toujours : " *Celui qui me mange vivra par moi et il vivra éternellement.*" (Jean 6,58)

Jésus en fait une question de vie ou de mort : " *En vérité, en vérité, je vous le dis, si vous ne mangez la chair du Fils de l'homme ....vous n'aurez pas la vie en vous* " (Jean 6,52-54) Refuser ce pain, c'est se condamner à mourir, mais l'accepter c'est VIVRE, c'est absorber une énergie qui domine la mort. " *Qui mange ma chair a la vie éternelle* " et cette vie éternelle est l'union de notre vie à la sienne: " *Qui mange ma chair demeure en moi et moi en lui*". (Jean 6,56)

Il est bon de repenser à tout cela parce que, si nous n'y pensons pas profondément de temps à autre, communier au corps du Christ devient une routine qui nous empêche de vivre pleinement notre rencontre avec lui.
Car c'est lui qui, dans le silence de cette intime communion, veut se révéler à nous pour nous faire vivre cette réalité qui ne tombe pas sous nos sens.

En celui qui discerne sincèrement, dans ce pain, le corps du Christ et veut réellement unir sa vie à la sienne, il va se faire - comme dans le grain qui meurt avant de porter ses fruits - un labeur de mort et de vie.... Le Christ, en effet, ne vient pas à nous pour s'accommoder de nos petits arrangements - y pensons-nous quelques fois - mais pour un travail de détachement, de transformation, de renaissance en vue de notre conformité à la volonté du Père.

Toutefois, il nous redit, comme il l'a dit tout au long de son séjour parmi nous : " Si TU VEUX ". Il ne nous oblige jamais, c'est à nous, qui que nous soyons, à nous laisser aimanter par lui. C'est à nous, si nous le, voulons, - et si nous savons ce que nous faisons - de mettre notre volonté dans la sienne, notre cœur dans le sien. Il s'agit là d'un travail qui pourra être laborieux mais qui sera aussi la source d'une paix et d'une joie profondes grâce à la présence aimante et agissante de celui qui sollicite notre bon vouloir.

Pendant les vacances, que de gens recherchent le soleil pour se laisser caresser, réchauffer, par ses rayons bienfaisants ! " *Le seigneur Dieu est un soleil. Il donne la force et la lumière* " dit un psaume de l'ancien testament (Ps 83). Pour nous, il est bien plus que le soleil. Alors exposons-nous, le temps qu'il faut, à sa lumière, à sa puissance et laissons-nous aimer, sans aucun titre de notre part, parce qu'il le veut ainsi et que nous sommes faits pour cela ... Nous recevrons à la mesure de notre foi." *Il comble de bien les affamés*" (Luc 1,53), ceux qui ont faim de justice, de miséricorde, il les rassasie mais " *il renvoie les riches* - les repus d'ici-bas - " *les mains vides*».

Seigneur, Dieu de l'univers, heureux l'homme qui compte sur toi !

Il y a aussi dans l'eucharistie une autre dimension à laquelle sans doute nous pensons encore moins.
En mangeant le pain eucharistique, en mangeant le corps du Christ ressuscité que nous partageons avec nos frères, nous devenons ce corps qui incarne et actualise maintenant la parole de Dieu dans le monde:
" *Deviens ce que tu reçois* " (saint Augustin)

Nous formons avec tous nos frères le corps mystique du Christ qui nous unit non seulement à tous les chrétiens du monde mais aussi à tous ceux qui ont quitté ce monde et contemplent le Christ dans sa gloire.

Si nous saisissons le sens du corps mystique et, par conséquent, le sens du royaume de Dieu, nous comprenons que, priant dans une église vide, avec peine peut-être et distrait, seul devant le tabernacle, nous ne formons qu'un seul corps avec tous ceux qui prient dans le monde entier et tous ceux qui vivent d'un même esprit dans leurs occupations quotidiennes. Nous sommes tous réellement unis dans une liturgie invisible.

Dans l'eucharistie, nous rejoignons tous nos frères ensemble comme chacun d'eux personnellement, sur la terre comme au ciel, et ceux-là particulièrement que nous ne pouvons pas rencontrer et qui ont besoin de notre sollicitude.

> «*Venez acheter et consommer ! Venez acheter du vin et du lait !*
> *Sans argent et sans rien payer*»
> *(Isaïe)*

Le cœur du Christ

> " ***Dans son immense amour, quand il fut élevé sur la croix,***
> ***il s'est offert pour nous ;***
> ***de son côté transpercé, laissant jaillir le sang et l'eau***
> ***il fit naître les sacrements de l'Eglise***
> ***pour que tous les hommes attirés vers son cœur***
> ***viennent puiser la joie aux sources du salut***
> *(Préface)*

Si, dans ma vie, j'ai le sentiment qu'une puissance supérieure est à l'origine de l'existence et la maintient envers et contre tout à travers tous les siècles,
si je m'adresse à cette puissance qui me paraît être présente partout dans l'univers,
si je la redoute quelques fois et si je désire me trouver dans ses bonnes grâces particulièrement dans les épreuves et aux moments importants de ma vie,
si je vais parfois dans un lieu de culte,
je peux dire que j'ai un sentiment religieux mais je ne peux pas dire pour autant que je suis chrétien et que pour moi Jésus est source de vie.

La foi chrétienne n'est pas un système de croyances ou de prières à réciter. La foi chrétienne est d'abord et avant tout une décision à prendre - et à renouveler - de vivre de la vie que le Christ nous donne, de cette vie jaillie de son cœur transpercé:
- eau vive qui jaillit pour la vie éternelle
- eau vive d'où découle les sacrements du salut
- sacrements qui nous sont donnés par l'Eglise, cette communauté de frères que le Christ a choisi pour nous engendrer à sa vie.

Que l'Eglise nous invite à déposer nos pensées, nos soucis, nos peines et nos espoirs dans ce cœur transpercé pour que coule l'eau vive qui procure la paix : cette paix qui nous est donnée si, en toutes circonstances, avec reconnaissance, sans nous inquiéter, nous prions et supplions pour faire connaître à Dieu nos demandes, par le Christ Jésus : "*Soyez toujours dans la joie, priez sans cessez, rendez grâce en toute circonstance...*" (Tes.5, 16-18)

Voilà l'EAU VIVE dont le monde a besoin et dont il ne se soucie guère.

Laissant le mode dans son indifférence, contemplons ce cœur brûlant d'un amour infini et que coule l'eau vive qui nous renouvelle.

«Si quelqu'un a soif, qu'il vienne à moi
et qu'il boive celui qui croit en moi...
de son sein couleront des fleuves d'eau vive»
(Jean 7,37)

L'Assomption de Marie

Un signe grandiose apparut dans le ciel :
une femme ayant le soleil pour manteau, la lune sous les pieds
et sur la tête une couronne de douze étoiles;
(Apocalypse)

Marie, qui préfigure notre condition future
Marie jeune israélite
au ciel, toujours jeune
comme, tu es apparue chez nous
il n'y a pas si longtemps.
Marie, devenue mère du fils de Dieu
pour qu'il puisse devenir frère
de tous les hommes.
Toi, qui as adhéré totalement et librement
à la volonté de Dieu
Toi, qui dans les moments de désespoir
des disciples de Jésus
n'a cessé de lui être unie
par l'affection, l'espérance, le zèle, la prière.
Toi, qui a partagé la vie des douze apôtres
Toi, qui reçut avec eux l'Esprit Saint
Toi, par qui le mystère chrétien a pu prendre naissance
et ensuite s'implanter dans le monde.
Toi, qui nous a donné Jésus
pour que nous vivions de sa vie
faisant ainsi de toi
notre Mère

Nous te bénissons et nous nous confions
à ta tendre sollicitude.

8. DES QUESTIONS SE POSENT

Comment évangéliser? – 12e dimanche ordinaire-B

« Le monde ancien s'en est allé, un monde nouveau est déjà né »
Hymne du Père J. Gelineau.

Nous avons connu les fastes religieux, les églises pleines. Certains déplorent le passé. Les changements dans l'Eglise - alors que tout paraissait fixé une fois pour toutes - étonnent surtout les chrétiens non-pratiquants. Les pratiquants, eux, déplorent la désaffection des sacrements. Nous pensons que la foi disparaît et nous savons par ailleurs que l'esprit du Seigneur est à l'œuvre au cœur du monde, qu'il ne se repose jamais, qu'il poursuit son œuvre inlassablement.

Que pouvons-nous faire pour coopérer à l'œuvre de l'Esprit ?

Essayer de convertir les autres, de les convaincre de la vérité de l'évangile, de ses bienfaits?
L'utilité et les bienfaits des inventions modernes sont tellement plus parlants et plus convaincants.

Ce que nous pouvons faire, ce que nous devons faire, n'est-ce pas comme Jésus l'a fait, nous mettre au service de la Bonne Nouvelle qui s'accomplit dans le monde ?

➢ Jésus à qui " *obéissent le vent et la mer* " (Marc 4,41) a choisi résolument une attitude de serviteur et de serviteurs des petits, des souffrants, des exilés de la société, des pécheurs, de ceux qui étaient méprisés et il nous montre par-là que Dieu est AMOUR "*Qui me voit, voit le Père* " (Jean 14,9).

Le chrétien, témoin de l'évangile, est quelqu'un qui s'engage au service des hommes et de préférence au service de ceux qui sont laissés pour compte. Il est ainsi, comme Jésus, témoin de l'amour de Dieu, témoin de la Bonne Nouvelle.

➢ Deuxième attitude de Jésus : Jésus est le serviteur de la vérité qui est non seulement celle de Dieu mais aussi le nôtre, celle des hommes. " *Ce que j'ai vu auprès du Père, je le dis*" (Jean 8,38). Et Jésus nous montre que Dieu qui est " *amour* " est un père qui veut des enfants qui s'aiment mais, en même temps, parce qu'il les aime, il les laisse libres d'agir comme ils le veulent. "Si tu veux ", seulement, si tu veux, " tu connaîtras le don de Dieu ".

Nous aussi, nous avons à rendre compte de l'espérance que nous donne la Bonne Nouvelle en la proposant aux autres comme Jésus, mais en respectant aussi, comme lui, leur refus, en acceptant qu'ils ne soient pas d'accord. Mais, il nous faut quand même confesser notre foi par tous les moyens dont nous disposons. Ne sommes-nous pas, comme dit l'évangile " *la lumière du monde* " ?(Jean 5,35)

➢ Jésus est aussi celui qui a vécu jusqu'au bout sa confiance au Père.
Les hommes le condamnent à mort parce qu'ils ne peuvent supporter sa contestation de leurs habitudes, de leur façon de vivre, parce que sa parole ne les pénètre pas. Mais Jésus reste fidèle à sa mission même s'il pense que son Père a pu l'abandonner. Et le Père le fait revivre et nous savons par-là que Jésus vit désormais dans notre humanité dont le dessein de Dieu est de la récréer comme il a ressuscité Jésus. " *Et si le Christ n'est pas ressuscité, notre foi est vaine.... Mais non, le Christ est ressuscité des morts ...De même tous aussi ressusciteront dans le Christ* "(1 Co 14, 17-22)

Nous sommes déjà cette humanité nouvelle, ce monde renouvelé par Jésus. Nous sommes les signes du Royaume qui vient. C'est cela que nous célébrons quand nous nous rassemblons pour rendre grâce et témoigner de notre espérance.

Devenir chrétien ce n'est pas seulement apprendre des choses sur Jésus, ce n'est pas seulement croire qu'il est ressuscité mais, parce qu'il est ressuscité, c'est entrer comme lui dans la voie d'un humble service des hommes.
C'est une entreprise dans laquelle on entre petit à petit. Il nous appartient de faire les premiers pas. Après nous comprendrons le langage de Jésus, nous éprouverons le besoin de nous nourrir de son corps et de sa parole.
Petit à petit, nous deviendrons plus hommes, plus libres devant tous, plus confiants dans notre destinée.

Ta parole, Seigneur est vérité et ta loi délivrance.

De qui suis-je le prochain ? - 15e dimanche ordinaire-C

En réponse à la question insidieuse d'un docteur de la loi, au sujet de la vie éternelle, et qui lui demande " Qui est mon prochain «, Jésus répond par l'histoire du bon samaritain (Luc 10, 25-37) que nous connaissons tous.

Il nous montre par-là comment il faut agir. En langage actuel, il pourrait dire : " Etre le prochain de quelqu'un; ce n'est pas seulement appeler le 100 lorsqu'il est blessé mais c'est s'inquiéter de ce qu'il devient et lui manifester de la sympathie».

On ne s'est jamais autant préoccupé des uns et des autres que maintenant. On a jamais autant parlé des problèmes qui nous concernent tous. Et, au point de vue technique, nous n'avons jamais été aussi bien outillés pour accueillir tous les problèmes.
Nous avons des hôpitaux pour les malades, des institutions pour les handicapés, des maisons pour les enfants abandonnés, des maisons du 3e âge, des écoles de tous les niveaux depuis l'école gardienne jusqu'aux études supérieures dans toutes les spécialités possibles et imaginables, des bourses d'étude, des allocations de chômage, de maladie, des pensions de vieillesse ... et malgré cela il y a des dépressions, des suicides, des drames conjugaux, familiaux, des consommateurs de drogues sous tous les aspects, à tel point que se développent de plus en plus des centres familiaux, des centres d'orientation, des centres sociaux, des maisons d'accueil, des moyens d'écoute tels que Télé accueil, SOS amitié, Ecoute enfant, avec des associations similaires un peu partout.
Tout cela pour que quelqu'un puisse parler à quelqu'un, recevoir un peu de compréhension et de sympathie, sortir de ses difficultés. Ce sont les bons samaritains modernes.
La technique, si bien avancée qu'elle soit, les soins les meilleurs ne suffisent pas cependant. Ce qu'il faut en plus, c'est une présence attentive. L'homme a besoin d'être reconnu par un autre. Il a besoin de se sentir aimé et compris.

Dans l'évangile, il n'est question que de cela. Jésus insiste sur l'efficacité de l'amour. Pour montrer que l'amour est le centre de tout et notre seule raison d'être, il ira jusqu'à livrer son corps et en faire pour nous un pain vivant.

De notre côté, chaque fois que, comme lui, nous sommes disponibles à quelqu'un d'autre nous sommes " sacrements du Christ ". Une présence attentive à quelqu'un est le signe même du royaume de Dieu déjà vécu sur terre.

Renouvelons notre foi en Jésus-Christ, centre de l'univers, univers dont la destinée est de devenir une explosion d'amour et de fraternité et, comme le bon samaritain, faisons preuve de bonté : " *Va et fais de même* " dit Jésus au docteur de la loi.

> Nous n'avons pas le choix,
> il faut nous enfoncer dans l'amour,
> âme véritable de la terre.
> *(Th.de Chardin)*

Qui sont ces messagers ? - 15e dimanche ordinaire-B

*Jésus appelle les douze
et pour la 1è fois
il les envoie deux par deux*
(Marc 6, 7-13)

" Mettez des sandales et ne prenez pas de tunique de rechange "

Ils iront en son nom. Ils rediront le message qui a d'abord transformé leur vie. Ils sont par leur personne elle-même les signes du salut, les signes de la présence de Dieu. Au nom de Jésus, ils sont les " sacrements " de la paix, de la vie, de la joie. Leur pauvreté même et la pauvreté de leurs moyens sont aussi le signe de la grâce de Dieu. Ils devront compter sur la providence quotidienne et attentive en faisant confiance à ceux qui, dans leurs pérégrinations, voudront les accueillir.
Ils partagent, éclairent et consolent. Ils ne parlent pas en leur nom mais au nom et dans l'esprit de Jésus, en fonction de ce qu'ils ont vécu avec lui. Ils apportent leur paix qui est la paix de Dieu.

Mais ceux qui les rejettent, repoussent aussi le Seigneur " *...partez en secouant la poussière de vos pieds pour témoigner contre eux* "(Mat 10, 11).
La parole qu'ils annoncent se répandra à travers le monde, envers et contre tout, pour le salut des uns et la condamnation des autres qu'elle jugera au dernier jour.

Tel est, en résumé, le portrait qui se dégage de l'évangile de (Marc 6, 7-13).
Nous pouvons nous étonner de ce que Jésus ait simplement confier à des mémoires humaines, à des intelligences, à des lèvres d'hommes modestes, de pauvres pêcheurs et non à des génies, des littéraires ou des philosophes.

Devons-nous en conclure que, pour rencontrer Dieu et son message, nous devons faire confiance à ces hommes ordinaires et les accepter comme seuls intermédiaires ?

Ne pouvons-nous atteindre Dieu que par eux ?

Il y a sans doute d'autres moyens, mais puisque Jésus a voulu utiliser ces hommes comme instruments de sa parole dans le monde, nous ne pouvons que lui faire confiance. Dans l'intimité de chacun d'entre nous, il nous adresse sa parole par un texte rédigé, transmis, diffusé par des hommes, ses messagers, mais c'est lui qui anime cette parole en nous et lui donne vie.

Tu es là au cœur de nos vies
et c'est toi qui nous fait vivre !

Comment devenir riche en vue de Dieu   -   18e dimanche ordinaire-C

" Gardez-vous bien de toute âpreté au gain
car la vie d'un homme ne dépend pas de ses richesses "
(Luc 12,16-21)

L'évangile nous invite à ne pas calculer nos bénéfices et nous exhorte, par ailleurs, à devenir riches en vue de Dieu. " *Si, cette nuit on te redemande ta vie, ce que tu auras mis de côté, qui l'aura ? Voilà ce qui arrive à celui qui amasse pour lui-même au lieu de devenir riche en vue de Dieu.* "(Luc 12, 20)

Comment devenir riche en vue de Dieu ? Saint Paul nous en donne la recette dans sa lettre aux Colossiens   " *Recherchez les réalités d'en haut ... débarrassez-vous de l'homme ancien qui est en vous et revêtez l'homme nouveau, celui que le créateur refait toujours neuf à son image.*"   (Col.3)
Voilà tout un programme.

" L'homme ancien qui est en nous " dans le langage de l'apôtre, c'est l'homme qui vit pour lui-même, pour son profit matériel, l'homme qui entasse dans son grenier, l'homme qui calcule.
" L'homme nouveau" Celui que le créateur refait toujours à neuf, c'est celui qui a accepté le Bonne Nouvelle, c'est l'homme qui oriente sa vie dans l'ordre du gratuit.

Si je rencontre une connaissance et que celle-ci demande de mes nouvelles, cela me fait plaisir mais cela ne sert à rien. C'est comme un "bonjour", c'est du surplus.

Rechercher les réalités d'en haut ou devenir riche en vue de Dieu, c'est dans cet ordre-là. On se trouve devant une Bonne Nouvelle qui va se développer dans l'ordre du GRATUIT.

La vie peut s'organiser sans cela, mais cela donne " un sens " à ma vie. Cela me donne le goût, la joie de vivre, comme le fait, par exemple, une famille.

Dans notre société où - malgré des siècles de christianisme - on vit encore dans l'ordre du CALCUL : plus on est petit, plus on est écrasé, plus on est puissant plus on a de chance de devenir encore plus puissant.

Le propre de la FOI, c'est de mettre tout cela à l'ENVERS ... c'est d'enfanter un homme nouveau. Jésus bouscule l'existence, il transforme le calcul en gratuité. Il prend le parti du petit pour en faire quelqu'un de reconnu en lui-même.

Devenir riche en vue de Dieu, c'est donner de l'importance à celui qui n'en a pas. C'est vivre aussi dans l'action de grâce, la RECONNAISSANCE, même dans sa médiocrité, dans ses fautes, ses erreurs parce que Dieu nous aime gratuitement.

C'est aussi ne pas gérer sa vie comme du " donnant - donnant ", je suis indifférent à celui qui l'est envers moi, je donne ma sympathie à celui qui m'en donne.

C'est encore, comme Paul nous y invite, abandonner " l'homme ancien qui est en nous " pour s'orienter vers ce qui est gratuit sans calculer sans cesse ses droits.

Cela comporte d'aimer les gens et aussi le monde où nous sommes avec tout ce qui nous déconcerte.

Nous ne sommes pas dans une religion de condamnation, ni de peur, ni d'angoisse mais, au contraire, dans une religion qui met à l'aise. Ce sont les termes de la Bible : " *être au large* ", " *être libre* ", " *être heureux* «.

Vivre sa vie comme une grâce, sûr d'être aimé gratuitement, cela peut nous mener loin. On ne vit pas sous la contrainte de lois mais sous la pression d'exigences qui viennent du " dedans ". C'est se convertir, " *...A vin nouveau, outres neuves* " (Marc 2,22). Dès que l'on commence on est pris au piège de diverses exigences.

Mais, ce qui est premier, c'est d'abord la reconnaissance, la gratitude, «*soyez reconnaissant en toute circonstance*» comme dit l'apôtre Paul. C'est être en paix avec soi-même et faire face aux événements dans la confiance. C'est être, en même temps, libéré de divers soucis ou inquiétudes, de remords aussi.

Même si nous ne sommes jamais en parfait accord avec l'évangile, même s'il y a quelquefois de l'incrédulité, des doutes, de la négligence, je peux m'aimer tel que je suis, non pour rester " gros-jean comme devant " mais pour me tourner doucement et dans la confiance vers Celui qui peut me refaire à tout moment et ... ne sommes-nous pas une Eglise, une communauté de frères, une famille, un havre de paix, de ressourcement pour réapprendre à aimer, plutôt que raisonner, plutôt que calculer et ainsi grandir en humanité.
Grandir en humanité, c'est la même chose que " *devenir riche aux yeux de Dieu* "

qui nous donne en plus sa présence pour nous refaire à son image[1].

Pourquoi douter ? - 19e dimanche ordinaire -A

*" La barque des disciples était à une bonne distance de la terre
elle était battue par les vagues;
Vers la fin de la nuit
Jésus vint vers eux en marchant sur les eaux"*
(Marc 14,24-25)

"*Confiance*" dit Jésus aux apôtres effrayés de le voir sur la mer comme un fantôme.
"*C'est moi n'ayez pas peur* " ! (Marc 14,27)

Pierre à l'appel de Jésus veut le rejoindre, mais effrayé par le vent il s'enfonce dans les eaux profondes - comme nous pouvons aussi nous enfoncer dans nos craintes, nos doutes -. Jésus étend la main, le saisit et dit " *Homme de peu de foi pourquoi as-tu douté*" ?

Quand Jésus ressuscité se montrera à ses disciples, il les saluera d'abord en disant : " *La paix soit avec vous* " ! (Jean 20,19)
Aux femmes saisies de frayeur devant le tombeau vide, il dira " *Ne vous effrayez pas* " ! (Marc 16,6)

---
[1] Ce texte est inspiré d'une conférence de l'abbé GUELLUY

En ce moment, pour les disciples, le rêve est terminé. Ils avaient espéré que Jésus viendrait établir le royaume qu'ils attendaient. Or il était mort, enseveli. Et, quelques jours plus tard ils vont le " voir ", le " toucher ", ils vont " manger avec lui " (Luc 24-Jean20) et découvrir un changement de perspective, un prolongement au-delà de la mort.
Pour eux, désormais, la vie de l'homme ne se termine pas avec la mort. Celle-ci n'est pas le contraire de la vie mais un changement dans la manière d'être et de vivre !
C'est cela que Jésus va leur révéler par sa résurrection mais il doit sans cesse les apaiser, comme il a dû les apaiser sur la mer déchaînée:

- « *Soyez sans crainte... N'ayez pas peur* »" !
- « *Je vous laisse ma paix* » (Jean 14,27)
- « *Que votre cœur cesse de se troubler* » ! (Jean 14,1)

Pour ses disciples, maintes fois effrayés, il deviendra l'éternel compagnon comme il le devient aussi pour nous " *tous les jours jusqu'à la fin des temps.* " (Mat.28, 20)

Ce que nous pouvons faire tous les jours, pendant notre temps de vie sur terre, même si c'est important, ne sera jamais que passager. Les réalisations, la santé, les joies, les peines ne seront que des événements transitoires d'un temps qui s'écoule inexorablement, les étapes d'un voyage qui se termine tôt ou tard et sur lequel nous avons peu de prises.
Un être humain vit et meurt. La mort fait partie de notre destinée. Quant à nous imaginer ce que nous devenons " au-delà ", c'est pour nous impossible. Jésus lui-même ne nous donne pas d'explication. " C'est l'affaire du Père "... C'est hors de portée de l'homme, cela ne dépend pas de lui, il ne doit pas s'inquiéter.

- Le souci principal de Jésus est de ramener l'attention sur l'heure présente et de mettre en confiance " *Je suis avec vous ... ".." Dans la maison de mon Père, il y a beaucoup de demeures* ". (Jean 14,1-12)

" Je suis avec vous " ? Mais nous ne le voyons pas. Quelle preuve tangible avons-nous de cette présence ? Aucune ... La pagaille qui règne dans le monde et nos angoisses personnelles prouveraient plutôt son absence et son indifférence.

Et cependant, le monde continue son évolution et Jésus nous affirme qu'il est là, à tous les instants de notre vie.

" *Je suis en mon Père et vous êtes en moi et moi en vous* " ! (Jean 14, 20)
Autrement dit, quand nous travaillons, quand nous dormons, il est là. Il es là aussi dans notre solitude et nos jours de morosité. Il est là aujourd'hui,

comme hier, hier comme demain, maintenant et pour toujours.
" *Je ne vous laisserai pas orphelins* " (14-18) " *Demeurez dans mon amour* " !
(15-9)

A travers les événements qui nous façonnent, il nous répète : « Pourquoi douter » ? ... Il est là comme un ami. Mais ce n'est pas en levant les yeux au ciel que nous le trouverons. Il est à l'intérieur de nous. C'est les yeux clos que nous pouvons communiquer. Il est là " **comme un intime frémissement** ", dit le poète. Ni dans le vent, ni dans le tremblement de terre, ni dans le feu mais, ainsi que le découvrait le prophète Elie : « **dans le murmure d'une brise légère** ».

Les yeux clos, faire silence... " *Je me tiens à la porte et je frappe* "
(Ap 3,20).mais sa voix est si légère que l'épaisseur de nos doutes, de nos soucis, de nos peines ou de nos joies nous empêchent souvent de l'entendre. Comme il est bon cependant, comme il est réconfortant de se laisser imprégner par cette présence, dans la foi "Je m'avise et il m'avise ", disait le paysan du curé d'Ars recueilli devant le tabernacle.

Chacun, en particulier, peut lui dire, comme Pierre : " Seigneur sauve-moi " ! Pour moi, il étendra la main, me saisira

…et je marcherai sur une mer apaisée.

Pourquoi et comment se tenir prêt ? - 19 e dimanche ordinaire-C

" Soyez vigilants et demeurez prêts
vous ne connaissez pas l'heure
où le fils de l'homme viendra "
(Luc 12,40)

Le royaume de Dieu nous paraît bien mystérieux, tellement mystérieux que l'on n'ose pas trop y penser. " On verra bien quand on mourra ", dit-on bien souvent quand on ne dit pas - comme on l'entend parfois dans les chambres mortuaires : " On se demande bien ce qu'on vient faire sur la terre " ou " Il n'y a personne qui est revenu pour nous dire ce qui se passe de l'autre côté. "

Le royaume de Dieu est un mystère dont nous ne pouvons prendre conscience pas plus que l'enfant, avant de naître, ne peut savoir ce que sera sa vie dans le cadre terrestre. Ne sommes- nous pas d'ailleurs entourés de

mystères ?
Qu'est-ce que le soleil, la lune, les étoiles, la terre ? Les arbres, les végétaux, les animaux ? Mystère ! ... La lumière, l'électricité, la vie ?

Mystère ! Nous nous nourrissons et nous vivons de mystères. Nous connaissons les effets de la lumière, de l'électricité, du feu, de la vie. Mais en réalités nous ne savons pas ce que c'est.

Nous connaissons aussi l'effet le plus spectaculaire de l'amour de Dieu, c'est à dire la personne de Jésus-Christ ... Et cette personne qui nous est donnée, nous dit : c'est tellement important que cela vaut la peine de renoncer à soi-même - ses vues, personnelles, ses désirs égoïstes, ses réticences, ses peurs ... - pour le suivre.

Renoncer à nous-mêmes, nous les parents, nous en avons l'habitude. Par amour pour nos enfants combien de fois n'avons-nous pas renoncé à nos propres satisfactions, à nos idées, à nos rêves pour qu'ils puissent mener leur propre vie ? Renoncer à soi-même, nous savons ce que cela veut dire et, en renonçant, nous pouvons dire que nous avons perdu une partie de notre propre vie pour la donner à nos enfants.
Si Jésus nous demande de renoncer à nous-même pour le suivre : - " *Qui veut sauver sa vie la perdra, mais celui qui perd sa vie à cause de moi la trouvera* " (Mat.16, 25) - nous le faisons déjà puisque nous perdons notre vie par amour et s'aimer les uns les autres c'est aussi le suivre : " *Aimez-vous les uns les autres, comme je vous ai aimés.*" (Jean 13,33-35)

Par ailleurs, si Jésus nous propose de renoncer à nous-même ce n'est pas pour s'imposer à nous mais parce qu'il a quelque chose de mieux à nous offrir. Ce qu'il a à nous offrir c'est son royaume qui n'est pas de ce monde mais dont il parle comme d'un trésor inépuisable.

Ne pouvons-nous avoir une idée de ce trésor ?

Jésus nous dit : " *Ce royaume, c'est comme un grain de sénevé, une toute petite semence qui une fois semée monte et devient un grand arbre où les oiseaux peuvent s'abriter* " (Marc 4, 31-32).

Il nous décrit les accidents qui peuvent empêcher cette semence de devenir un arbre. C'est ainsi que les paroles qu'il nous donne - et qui sont les semences du royaume - peuvent tomber sur une terre - notre cœur- qui n'est pas toujours fertile.
Et que faut-il pour la fertiliser ? Une seule chose : la FOI, qui est confiance en ce qui va venir et qu'on ne voit pas encore.

Le commencement du royaume de Dieu est : l'union de la semence - parole de Dieu - avec la terre - notre cœur. La parole est donnée, il nous incombe de la recevoir et de la faire grandir, comme on nourrit une plante.

Comment la nourrir ? Jésus nous répond : " Je *suis le pain vivant descendu du ciel. Qui mangera ce pain vivra éternellement* (Jean 6,51)

C'est l'EUCHARISTIE

Comme nous vivons de la vie qui nous entoure, sans la connaître vraiment, nous avons aussi le pouvoir de vivre de la vie de Dieu sans la connaître vraiment. Nous sommes portés en elle comme l'enfant dans le sein de sa mère.

C'est cela que Jésus est venu nous dire, sans toutefois pouvoir l'adapter à notre entendement, et c'est avec lui que par la foi - la confiance en ce qu'il nous dit - nous entrons dans cette vie.

Le chrétien est celui qui dit : " **Je donne ma foi à Dieu parce que Lui m'a donné sa parole dans la personne du Christ, parole vivante qui va me nourrir pour la vie éternelle.**"

Comme le pain dans l'armoire et l'eau de la fontaine me sont donnés pour ma vie sur terre, la parole et la chair du Christ me sont données pour la vie éternelle.

Se rassasier de lui, c'est se rassasier du " trésor inépuisable "

A nous de recevoir
la parole de Jésus
parole de vie divine
et son corps
nourriture de vie divine

Ils nous deviendront indispensables comme l'eau et le pain.

Quel est donc ce trésor inépuisable ? - 20e dimanche ordinaire-B

Une fois encore, notre imagination ne peut se le représenter. Seul Jésus en a témoigné sans nous fournir de détails concrets, sinon le " gage alimentaire " qu'il nous donne : " *Je suis le pain vivant. Celui qui mange de ce pain vivra éternellement.* " (Jean 6, 51).

Ce " trésor dans les cieux ", cette " vie éternelle ", ce " royaume de Dieu ", sont évoqués dans l'Ecriture et dans la liturgie. On parle de ciel - de paradis que l'on peut appeler aussi : paix - salut - bonheur éternel - la joie du Seigneur - la maison du Père - merveilleux héritage - couronne de gloire - patrie céleste.

"*Que votre cœur ne se trouble pas, dit Jésus, dans la maison de mon Père il y a beaucoup de demeures* ". (Jean 14,1-12)
Evoquant le jugement dernier, il dit : " *Venez les bénis de mon Père, entrez dans le Royaume qui vous attend depuis l'origine du monde* ". (Mat 25, 34-46)

Tout cela est bien attrayant et cependant on n'en parle guère, entre nous, même entre personnes âgées qui pourtant s'approchent de ce bonheur.
Avant il y a la mort. La mort fait peur et notre imagination est déroutée. On tient aussi à ses petits bonheurs de tous les jours même si les peines sont parfois plus nombreuses que les petits bonheurs.

" *L'œil n'a pas vu, l'oreille n'a pas entendu, l'homme ne peut comprendre ce que Dieu réserve à ceux qui l'aiment* " déclarent l'apôtre Paul (1 Co 2,9) et le prophète Isaïe (64,4).
Et la science, que nous dit-elle à ce sujet ?... RIEN ! Elle proclame son incompétence au-delà du monde expérimental.
Mais qui peut mieux nous parler du ciel que celui qui en est venu : notre Seigneur Jésus-Christ : " *Je suis la résurrection. Qui croit en moi, fut-il mort, vivra ; et quiconque vit et croit en moi ne mourra jamais* ". (Jean 11,25-26).

Et pour suggérer cette vie éternelle, l'évangile comme l'apocalypse de Jean éliminent tout motif de peine: " *Les élus ne sentiront plus les ardeurs du soleil (ce qui ne nous concerne guère). Ceux qui avaient faim et soif seront rassasiés, ceux qui pleuraient seront consolés. Dieu lui-même essuiera toutes les larmes de leurs yeux ...La mort sera abolie. Il n'y aura plus ni deuil, ni cri, ni douleur car les conditions dans lesquels nous vivons auront disparu*"
(Mat.5, 1-10- Ap16-17, 21,4)

L'enfant dans le sein de sa mère peut-il rêver d'un monde où chantent les oiseaux, où le soleil brille, où lui-même pourra se déplacer ? Et pourtant c'est bien quelque chose de réel que vit chacun d'entre nous. Ici aussi les anciennes conditions ont disparu.

Se référant encore à ce paradis - cette couronne de gloire - cette paix céleste qui nous attendent, nous qui sommes dans ce monde où chantent les oiseaux mais où il se passe aussi des choses affreuses, saint Jean nous dit :
" *Les arbres de vie, aux berges des fleuves, portent leurs fruits douze fois*

l'an. " (Ap21-1)

S'il parle d'arbres de vie donnant leurs fruits douze fois l'an, ne suggère-t-il pas une activité incessante ? Dans les sources valables de notre croyance au ciel tout y suggère une incessante activité de la pensée et du cœur, un épanouissement de la sensibilité et de toute la vie, le corps participant au rayonnement de l'esprit.

Ne serons-nous pas, pour l'éternité, exactement ce que nous voulons être ? Que serai-je ? Sinon moi-même, en plénitude, dans un parfait accomplissement de mes désirs qui ne seront plus contraints, comme ici-bas, par toutes sortes de limites ? Finie la captivité de l'espace et de la pesanteur - par le témoignage des apôtres, nous savons qu'aucun obstacle n'arrête le corps glorieux de Jésus ressuscité. Et qui dira notre émerveillement à saisir tout l'univers ? Il n'est pas défendu d'y rêver déjà.
Essayons d'imaginer nos retrouvailles avec nos parents et nos amis, nos conversations avec nos saints préférés, notre rencontre avec Jésus et Marie que nous aurons tant priés. On n'aura pas le temps de s'ennuyer.

La liturgie des défunts parle cependant de " repos éternel " REQUIEM AETERNAM !

Pour l'évangile, le repos n'est pas la torpeur mais un renversement des rôles: "*Heureux les serviteurs que le maître, à son arrivée, trouvera éveillés. Il les fera mettre à table et passera pour les servir.* (Luc 12,35-38) C'est Dieu lui-même qui nous servira et nous ne verrons que cette présence : " *C'est dans la lumière que je vois la lumière* ", dit un psaume, et cette présence lumineuse sera plus moi-même que moi. Ce jour-là, nous comprendrons ces paroles énigmatiques : " *Je suis en mon Père et vous en moi et moi en vous* ".(Jean 20,14)
En somme, toutes ces approches des réalités célestes, nous redisent notre incapacité à les concevoir. Nous pouvons projeter nos désirs à l'infini, l'essentiel du bonheur que procure la vision de Dieu nous échappe. Nous n'avons pas d'autre issue que :

- de l'accepter, dans la foi, en toute simplicité :
"*Si vous ne devenez semblables à des enfants, vous n'entrerez pas dans mon royaume*".
(Mat. 18, 5)
- et de mettre notre confiance dans le gage qui nous est donné :
le sacrement de vie divine
" *Qui mange ma chair a la vie éternelle*".
(Jean 6,51-58)

Pourquoi la division ? - 20e dimanche ordinaire-C

> " *Pensez-vous que je suis venu mettre la paix dans le monde ?*
> *Non, je vous le dis, mais plutôt la division* ".
> (Luc 12,51)

Etonnant ce que Jésus dit là !
Et pourtant, quelle est la famille chrétienne qui n'est pas maintenant éclatée dans le domaine de la foi ?

On peut dire que se réalise, particulièrement aujourd'hui, la prédiction de Jésus : « *Car désormais cinq personnes de la même famille seront divisées ... le père contre le fils et le fils contre le père, la mère contre la fille et la fille contre la mère, la belle-mère contre la belle-fille et la belle-fille contre la belle-mère* » (Luc 12, 52-53)

Que pouvons-nous faire, nous qui vivons dans la foi en Jésus et son Eglise ? Sinon nous aimer les uns les autres : le père, la mère, le fils, la fille, la belle-mère et la belle-fille - comme dit l'évangile - dans un amour aussi vrai que possible et attendant, dans la prière et la confiance, l'heure de Dieu pour celui qui ne veut ou ne peut pas le rencontrer dans le contexte de sa vie actuelle ou qui peut être le rencontre autrement que nous.
La foi ne faisant plus partie d'une culture héréditaire mais étant avant tout une décision personnelle, nous ne pouvons empêcher les divisions, même en famille, même si nous avons fait en sorte que la bonne semence puisse se développer dans un terrain favorable.

Prenons un de ces moyens employés par l'Eglise pour créer ce terrain favorable et posons-nous quelques questions à ce sujet.

Sans que les apôtres l'aient prévu ainsi que l'Eglise des premiers temps, celle-ci, dans son évolution, a petit à petit institué ou contrôlé pour des motifs de charité, d'éducation, d'assistance, des institutions appelées " institutions temporelles ". Nous faisons ou nous avons fait partie de l'une ou l'autre de ces institutions : école, mouvement de jeunesse, mutualité, syndicat ...

" *Jadis*, disait un théologien, le père A. Liégé, dans un cours de théologie, *l'Eglise a pensé que ces institutions dites "chrétiennes" étaient le meilleur moyen de faire un monde capable de recevoir l'évangile. Elle a cru que ceux qu'elle encadrerait seraient déjà à moitié évangélisés par l'ambiance, l'atmosphère, la mentalité chrétienne qu'elle y mettrait* "... Nous l'avons pensé aussi. ... Et ce théologien ajoute: "*Cette façon de faire a été peu opératoire et*

dans un monde sécularisé et pluraliste, elle devient impossible ".
Honnêtement, pouvons-nous constater que tous ceux qui sont passés par nos institutions y ont acquis nécessairement une foi plus forte, plus éclairée, capable de résister à de multiples sollicitations plus tangibles que l'héritage éternel qui leur a été proposé ?
Nos écoles, par exemple - de l'enseignement primaire à l'université - ont une bonne réputation. Ceux qui en sortent deviennent, en général, de bons citoyens la plupart adaptés à une société de rendement, d'autres moins nombreux capables de se dévouer efficacement pour des causes humanitaires ?
Ont-ils été fortifiés dans le domaine de la foi ?

Nos institutions chrétiennes, classées parmi les forces de la société, apportent-elles quelque chose de différent en rapport avec la Bonne Nouvelle ? N'ont-elles pas aussi déclenché de l'agressivité, de l'opposition ou des bienveillances plus ou moins ambiguës ?

Ceux qui se sont engagés dans l'une ou l'autre de ces institutions - les laïcs y ont maintenant acquis leur autonomie - ont-ils comme objectif, non seulement la survie de ces institutions mais aussi le souci de créer des situations qui peuvent susciter l'éveil à un mode de vie conforme à l'évangile ?

Ce n'est pas facile - en plus dans une ambiance où se mêlent actuellement toutes les opinions - de gérer une œuvre temporelle qui requiert de l'argent, de l'équipement, du personnel, sans perdre de vue l'esprit de l'évangile : *service et non domination, partage et non possession, humilité et non prestige, contraste avec les puissants du monde et non connivence.*

Dans ce domaine, les énergies et les bonnes volontés n'ont-elles pas été quelquefois mal orientées ? N'y a-t-il pas eu, là aussi, quelques motifs de révolte ou d'abandon de la foi sur la pointe des pieds ?

Quoiqu'il en soit, la foi reste une adhésion personnelle à Jésus-Christ. Elle peut cependant être provoquée par les circonstances. Et pour cela, une institution chrétienne reste utile si elle est un lieu de présence, de rencontre, de partage où l'on vit comme des frères. " *Il est bon d'habiter ensemble, comme des frères* - dit un psaume de l'ancien testament. *C'est comme une huile qui coule sur la barbe d'Aaron !* "

Là comme ailleurs, accepter les divisions, sans les accentuer, prier avec confiance et créer un espace où se vivent des relations humaines, fraternelles sans jugement, ni condamnation.
Faut-il attendre d'éventuels meilleurs auspices ? Ne sommes-nous pas

encore et toujours " sel " et " ferment " dans nos familles, nos institutions comme ailleurs ?

> "`Si le sel s'affadit, avec quoi
> le salera-t-on " ?
> (Mat.5,13)

Comment renouveler notre jugement – 22e dimanche ordinaire-A

> *" Ne prenez pas pour modèle le monde présent,*
> *mais transformez-vous*
> *en renouvelant votre façon de penser "*
> (Rom.12,2)

Saint Paul nous dit dans sa lettre aux romains que si nous voulons connaître ce qui est bon et être à même de discerner la volonté de Dieu, il faut au préalable être transformé par le renouvellement de notre façon de penser qui doit être autre que celle du monde.
Et Jésus nous dit dans l'évangile (Mat.16,24) : " *Si quelqu'un veut venir à moi qu'il renonce à lui-même et qu'il me suive*". Autrement dit qu'il abandonne sa façon superficielle et raisonneuse de voir les choses à la manière du monde, qu'il se transforme en renouvelant son jugement pour reconnaître la volonté de Dieu.

Voilà tout un programme qui, mis a exécution, va nous mettre en contradiction avec le monde où nous sommes et qui ne vit pas à la lumière de la foi. C'est à cela que nous nous sommes engagés en renouvelant les vœux de notre baptême qui nous a introduit dans la vie chrétienne.

Pouvons-nous dire, chrétiens d'aujourd'hui, que c'est bien avec le monde que nous sommes en contradiction et pas quelquefois avec le Christ lui-même dont nous portons le nom ?
Avons-nous assez le souci de renouveler notre façon de penser qui est bien plus que nous le voudrions peut-être conditionnée par le monde qui nous entoure ?

J'ai lu, un jour, cette comparaison : comme le pilote d'avion à son poste de commandes, entouré d'instruments qui tapissent la cage où il est enfermé, nos consciences modernes sont aussi prisonnières d'une foule d'informations dans lesquelles elles doivent se débattre.

Que faut-il faire, au milieu de toutes les notions qui nous entourent et nous viennent de partout, pour discerner la volonté de Dieu ?
Le pilote dans son avion reste maître de lui-même pour lire et interpréter les indications de ses instruments. Il maîtrise ses réflexes, suit les messages radios qui affluent à son oreille et il les sélectionne. Sa volonté est tendue vers l'accomplissement de sa mission avec calme et douceur.

Ainsi va le chrétien dans le monde.

Mais, comme on est pas pilote sans connaissances et sans expérience, on ne peut pas non plus mener une véritable vie chrétienne, au milieu de toutes les sollicitations du monde, sans avoir une base de connaissance des enseignements de Dieu et quelque peu d'expérience de son esprit qui nous permet de discerner les messages qui nous concernent.

Or la science divine ne peut d'abord entrer en nous, comme les autres sciences, que par nos moyens de connaître : les sens, l'imagination, l'intelligence et aussi la mémoire.

Depuis que la parole de Dieu a pris corps parmi nous dans la personne de Jésus, pour nous parler en langage humain, il nous faut découvrir, par les moyens mis à notre disposition, sa personne et son message et les confier à notre mémoire :
"*L'Esprit Saint vous fera souvenir de ce que je vous ai dit* " disait Jésus à ses apôtres (Jean 14,26)

Il y a aussi les vies de saints. Leur histoire, leurs actions, leurs paroles sont aussi un langage qui s'adresse à nous et nous font revivre l'évangile d'une façon plus proche de nous.

Il y a aussi l'enseignement de l'Eglise et tout ce qui est à notre disposition dans les librairies et bibliothèques religieuses où l'on peut trouver des lectures saines et fortes adaptées à notre niveau.
Rappelons-nous que l'apôtre Paul faisait déjà ce reproche à ses premières ouailles: « *Alors qu'avec le temps vous devriez être devenus des maîtres ... vous en être venus à éprouver le besoin de lait au lieu de nourriture solide*. » (He 5,12)

Si nous voulons comprendre et assimiler ces enseignements, l'Esprit Saint pourra s'en servir pour les faire revivre au dedans de nous, au moment opportun. Cet éclairage va renouveler notre jugement lui donner plus de vigueur pour discerner la volonté de Dieu, ce qui lui plaît et, en même temps, provoquer en nous le désir d'accomplir cette volonté.

Mais, tout cela - évangiles, actes et lettres des apôtres, vie des saints, enseignements religieux - est un domaine relativement peu exploité par la majorité des chrétiens, alors qu'il y a là, pour chacun, une mine inépuisable !

Si, par ailleurs, la vie chrétienne est pour nous une question de courage et de générosité, évitons qu'un effort constant ne soit finalement qu'une tension dans le vide si cet effort n'est pas éclairé, soutenu par une foi renouvelée.
Nous avons à notre portée tout ce qu'il faut pour le faire ... Il suffit même d'interroger "Internet" à ce sujet !!

Si nous refusons ce renouvellement, si nous sommes tièdes dans notre foi ou si nous jugeons cette démarche inutile ou encombrante, c'est que nous sommes - malgré des pratiques religieuses - influencés, conditionnés par le monde, ce monde dont parle Jésus et qui n'est pas le nôtre.

« Père saint ...
je ne demande pas que tu les ôtes du monde
mais que tu les gardes du mal.
Ils ne sont pas du monde
comme moi je ne suis pas du monde ».
(Jean 17,15)

Pourquoi renoncer à ses biens ? - 23e dimanche ordinaire-C

*" Celui d'entre vous qui ne renonce pas à tous ses biens
ne peut être mon disciple "*
(Luc 14,33)

Voilà une phrase d'évangile qui nous laisse particulièrement rêveurs et que nous laisserions volontiers de côté pour passer à une autre plus consolante, par exemple : *"Venez à moi vous tous qui êtes fatigués..."*(Mat 11,28).

Renoncer à un bien ! ? Est-ce qu'on renonce à un bien. Cela nous paraît, à première vue, très peu raisonnable. Renoncer à un mal d'accord, mais renoncer à un bien ?

Nous cherchons tous :

- soit un bien matériel : une maison, de quoi se nourrir, se vêtir, un peu de confort
- soit des biens intellectuels: on fait des études parfois très longues pour lesquels les parents se sacrifient renonçant à d'autres biens
- soit un bien physique : la santé
- un bien moral : l'honneur, la dignité
- des biens spirituels aussi : ne dit-on pas que telle lecture, telle retraite, telle réunion nous a enrichis spirituellement ?

Pourquoi acquérir des biens pour y renoncer ensuite ?
Je veux bien renoncer à un bien pour en obtenir un meilleur et, à la rigueur, renoncer à tous mes biens et à tous mes rêves si, en retour, j'obtiens quelque chose qui est mieux que tous mes biens et tous mes rêves.

N'est-ce pas précisément ce que Jésus veut mettre en lumière ?
Etre disciple de Jésus vaut mieux que tous les biens et celui-là ne peut être son disciple s'il ne le considère pas lui comme "plus que tous les biens". Pour en arriver là, il faut avoir une conscience vive de la valeur suprême de ce don qui est fait aux hommes.
Apparemment, la plupart ne s'en soucie guère. Et nous qui nous revendiquons chrétiens, comment l'apprécions nous ?

Quand les apôtres qui cherchaient à voir Dieu ont dit à Jésus : " Montre-nous le Père " !, Jésus a répondu : " *Qui me voit, voit le Père* ". (Jean 14,9)

Celui qui voit Jésus, voit Dieu ... Qu'est-ce que les apôtres ont vu ?

Ils ont vu un homme juste et bon à l'extrême, un homme comme ils n'en ont jamais vu d'autre. C'est pour cela qu'ils l'ont suivi.
Et cependant, Dieu n'est pas seulement un homme, si parfait soit-il. Alors ?
Celui que nous appelons Dieu n'est-ce pas celui qui fait de Jésus un homme autre, pas ordinaire ? Et qu'est-ce qui rend Jésus homme parfait ? N'est-ce pas sa justice sans faille, sa bonté ? Il va jusqu'à donner sa vie, le seul bien qu'il avait sur terre.

Si, en voyant Jésus, on voit Dieu, c'est que Dieu est cette justice, cette bonté en un mot l'AMOUR qui anime Jésus.

Cela, ce n'est pas de nos yeux que nous pouvons le voir, ils ne sont pas faits pour ce genre de perception, mais nous le voyons, comme les apôtres l'on vu aussi - un peu plus tard - par l'intelligence du cœur éclairée par l'Esprit Saint. Jésus vivant la vie même de Dieu a vécu dans un corps comme le nôtre une vie d'amour ou de "charité " comme dit saint Paul. Et cela, c'est le DON de Dieu qui dépasse tous les biens.

Pour vivre ce " don de Dieu ", il faudra " vouloir aimer comme lui ", renoncer à ses comportements égoïstes " pour marcher derrière lui «.

" Quel est celui d'entre vous qui veut bâtir une tour et qui ne commence par s'asseoir pour calculer la dépense ..." ? (Luc 14,28)

Se décider pour Jésus-Christ, c'est plus que bâtir une tour, car il s'agit de reconnaître que ce qui se passe avec lui est tellement important que cette décision engage toute la vie. Il faut aussi avoir le souci de voir clair, de savoir à quoi l'on s'engage.

S'engager demande réflexion, aussi la décision de suivre Jésus ne peut-elle être prise que par quelqu'un qui a déjà su prendre au moins une décision importante dans sa vie. Pour être chrétien, il faut être capable de choisir et de décider par soi-même autrement dit, cet engagement exige, au préalable, une certaine maturité : capacité de jugement, de décision, d'attachement fidèle.

Tout homme a naturellement, en lui, un sens religieux et passe quelques fois par l'église dans sa vie mais ce n'est pas pour cela qu'il est chrétien s'il n'a pas, en même temps, pris conscience que le Christ vient…
       orienter toute sa vie.

Qu'est-ce que la pauvreté d'esprit ? – 23 e dimanche ordinaire - B.

« Dieu n'a-t-il pas choisi ceux qui sont pauvres aux yeux du monde?
Il les a faits riches de la foi
Il les a aussi faits héritiers du Royaume
qu'il a promis à ceux qui l'auront aimé »
(Jacques 2,5)

Ce texte n'est-il pas à la fois remède au malaise de notre société et découverte de notre vocation personnelle, celle qui peut nous épanouir, jeunes ou vieux, parce que nous avons tout ce qu'il faut pour que cette vocation à la FOI soit celle de chacun d'entre- nous ?
" *Tout est vanité et affliction d'esprit sous le soleil, dit la petite Thérèse de Lisieux, L'unique bien c'est d'aimer Dieu et pour cela d'être pauvre d'esprit* ".

Etre pauvre, en soi, n'a rien d'exaltant et tous les hommes font ce qu'ils peuvent pour éviter la pauvreté. C'est inscrit dans le fond même de notre nature ; nous avons besoin d'une certaine sécurité. Aussi pour vivre dans la pauvreté d'esprit, selon l'évangile, faut-il d'abord que nous soyons poussés par le désir d'une richesse tellement abondante qu'elle exige la pauvreté de celui qui veut l'accueillir tout entière.
Jamais nous ne pourrons vivre dans la pauvreté d'esprit - qui est pourtant nécessaire pour obtenir la richesse promise - si nous ne sommes pas d'abord convaincus que la richesse qui s'obtient par cette pauvreté dépasse toutes les richesses du monde.
Autrement dit, il faut avoir une certaine conscience des richesses que procure la foi pour créer en soi le désir de les obtenir. " *Si tu savais le don de Dieu* " ! dit Jésus à la samaritaine (Jean 4,1-14)

Actuellement, plus qu'auparavant, parce qu'ils sont plus disponibles, qu'ils ne doivent plus tellement lutter pour le nécessaire ,les jeunes en particulier, éprouvent dans l'ensemble à la fois une avidité insatiable pour tout ce qui passe et un désir angoissant d'autre chose ... Ils sont comme " des brebis sans pasteur " parce qu'ils ignorent que ce désir qui les habite est déjà le désir d'un absolu qui pourrait dès maintenant animer leurs facultés de connaître et d'aimer.

Il en est peu qui parviennent à cette prise de conscience et parmi ceux-ci combien persévèrent dans cette voie ?
Ils ignorent, parce qu'ils n'en ont pas l'expérience, que cet absolu, dont ils ont une vague nostalgie, n'est autre que le Christ vivant, source lui-même d'une vie inépuisable.
Le moyen pour eux, comme pour tous, de se désaltérer à cette source de vie, de se tourner vers le Christ qui les attend est de se servir de cette liberté dont ils éprouvent le besoin et qu'ils revendiquent à tout prix.

C'est à la fois simple de chercher Dieu et ce n'est pas simple du tout.

C'est simple, en théorie, parce qu'il suffit d'en avoir le désir et de se défaire de ce qui ne mène pas à lui. Mais se défaire de ce qui nous empêche de l'atteindre n'est pas si simple. Il y faut une éducation et même un mûrissement qui peut durer toute une vie.

Nos enfants reçoivent-ils une éducation qui les familiarise avec les données de la foi, leur faisant entrevoir l'AMOUR et l'ABSOLU de Dieu ?

Comment peuvent-ils seulement en avoir le désir s'ils peuvent satisfaire leurs convoitises du moment, s'ils ne manquent de rien dans un monde alléchant avec sa musique sous toutes ses formes, ses images surabondantes, tous les biens de consommation, les informations qui se succèdent pêle-mêle encombrant leur cerveau et laissant le cœur vide ?

Comment dans tout ce fatras discerner l'appel de Dieu qui se trouve déjà dans leur insatisfaction et comment se recueillir pour discerner cet appel et essayer d'en vivre ? Comment dans tout cela ébaucher une relation avec Jésus-Christ ?

Quelle vigilance ne faut-il pas pour leur permettre d'entendre, de temps à autre, la parole du Christ et pour leur donner l'occasion de persévérer dans ce qu'ils auraient pu percevoir comme appel personnel ?

N'avons-nous pas, nous - mêmes une reconversion personnelle à faire pour comprendre et expérimenter la nécessité d'être pauvre de cœur si nous voulons atteindre l'essentiel ?

" *Seigneur Dieu, ouvre notre cœur pour qu'il cherche avec amour les paroles de ton Fils* " dit la liturgie. Ces paroles qui nous font riches de la foi, donnent accès au Royaume promis à ceux qui l'auront cherché à travers tous les autres biens, car ceux-ci ne peuvent nous égarer si nous en usons comme des pauvres poursuivant, sans nous lasser, la vraie richesse promise ... pas pour demain mais ... pour aujourd'hui.

"Je comprends et je sais par expérience
que le Royaume de Dieu
est
au dedans de nous"
(Sr Thérèse de l'Enfant Jésus)

L'argent est-il trompeur ? – 25 e dimanche ordinaire - C

"Faites-vous des amis avec l'argent trompeur."
(Luc 16,9-13)

En soi l'argent est un moyen d'échanges. Comment peut-il être trompeur ?

Ne pourrait-on dire que l'argent est trompeur parce que, lorsqu'il inspire un comportement, il incite celui qui se laisse dominer par cette opportunité à toujours en avoir plus, par tous les moyens jusqu'à, éventuellement, se laisser entraîner vers des moyens malhonnêtes.
Tandis que celui qui utilise l'argent comme un moyen d'échanges pour pourvoir à ses besoins et aux besoins des siens, celui-là n'est pas dominé par l'argent, il n'en devient pas l'esclave.

L'argent, s'il est un bon serviteur peut être aussi un très mauvais maître. La façon dont nous nous comportons vis à vis de lui témoigne de ce qui se passe en nous. Il est un signe de l'importance que nous attribuons à certaines valeurs. " *Nul ne peut servir deux maîtres : ou bien il s'attachera à l'un et méprisera l'autre. Vous ne pouvez pas servir à la fois Dieu et l'argent* ". (Luc 16,13)

Dieu et l'argent sont deux concepts différents, deux valeurs totalement opposées. Dieu est celui qui dure et qui rend libre, l'argent est instable et rend esclave.

Celui qui se laisse dominer par l'argent à quoi pense-t-il ? A devenir riche ou à dépenser pour son confort, son plaisir, ses caprices.
Il est inquiet parce qu'il craint de perdre ses richesses. Il peut devenir malhonnête, et exploiter ou tromper les autres en vue de son profit personnel. Son cœur n'est pas en paix. Rarement satisfait parce qu'il ne peut satisfaire ses désirs qui se renouvellent sans cesse il craint la mort qui l'obligera à tout abandonner. Jamais il ne pense à celui qui est dans le besoin.

Nous vivons dans un monde dominé par l'argent et, à cause de cela, la situation économique se dégrade par ce que la production à outrance a visé au rendement maximum aux dépens de valeurs humaines plus importantes.

Tout nous incite à une consommation maximum et, malgré cela, le chômage règne. Le travail, par ailleurs, se paie de plus en plus cher et ne gagne pas nécessairement en qualité. Il faut de l'argent, beaucoup d'argent le plus rapidement possible. Cette course à l'argent va jusqu'au mépris de ceux qi n'en ont pas ou qui en sont victimes. Les vols ne se comptent même plus et le gaspillage sous toutes ses formes ne prépare guère aux restrictions qui fatalement seront exigées à l'avenir.

Nous qui suivons le mouvement ne sommes-nous pas aussi responsables ? Apprenons-nous à nos enfants à vivre en humains solidaires, avec le souci de l'autre, ou leur apprenons-nous à gagner beaucoup d'argent ? Ne leur donnons-nous pas quelquefois les moyens de gagner plus et de dépenser plus ? N'est-ce pas en fonction de ces critères que nous les poussons ver tel ou tel diplôme ?

Comme chrétiens, nous devons choisir ... si nous ne choisissons pas, si nous suivons le mouvement, nous sommes aussi responsables de cette dégradation de l'homme à laquelle nous assistons d'autant plus responsables si nous nous déclarons disciples de Jésus-Christ. Nul ne peut servir deux maîtres !

Celui qui sert Dieu, celui-là peut vivre dans une paix profonde que rien ne peut troubler, ni l'abondance, ni les restrictions, ni les événements même s'ils contrarient ses désirs ou ses décisions. Il place toute son espérance dans le cœur de Dieu et lui confie sa vie. Il s'intéresse aussi aux besoins des autres, parce que l'amour du prochain et l'amour de Dieu c'est " tout comme ", l'un ne va pas sans l'autre." *Celui qui dit qu'il aime Dieu et n'aime pas son frère, est un menteur* ".(Jean 4, 20-21)

Qu'avons-nous choisi ou qu'allons-nous choisir ?
Le service de l'argent avec son cortège de misère ou le service de Dieu et des frères humains dans la paix, la confiance au Père qui nous a donné son Fils pour nous guérir , entre autres, de cette TROMPERIE ?

Si nous sommes contaminés, rien ne peut mieux nous guérir que le regard que nous poserons sur le cœur de Jésus ouvert pour nous et d'où sortent les vraies richesses, celles que " le ver, ni la rouille ne peuvent atteindre ".

C'est lui qui nous dévoile l'amour de Dieu, nous procure la paix et la joie du cœur que l'argent ne peut donner et au sujet duquel il nous interpelle :

> " *Eh bien moi, moi je vous le dis :*
> *Faites-vous des amis avec l'argent trompeur*
> *afin que le jour où il ne sera plus là*
> *ces amis vous accueillent dans les demeures éternelles.*"
> *(Luc 16,9)*

Que dit l'évangile au sujet du mariage? - 27 e dimanche ordinaire - B

> *" L'homme quittera son père et sa mère*
> *pour s'attacher à sa femme*
> *et les deux ne feront qu'une seule chair.*
> *... Ce que Dieu a uni, l'homme ne doit point le séparer".*
> (Math.19,5-6)

" Engagement et fidélité" voilà deux mots qui ne sont plus guère à la mode et cependant c'est bien de cela qu'il s'agit.
Combien se soucie encore de cette affirmation de Jésus et combien de jeunes gens dans le monde actuel craignent de s'engager dans l'unité du mariage ?
Si, après tout, tant de gens craignent de ne pas réussir leur mariage c'est qu'au fond, ils considèrent la fidélité du couple comme une chose essentielle.
Et si Jésus dit " *que l'homme ne sépare pas ce que Dieu a uni* " c'est qu'il connaît bien la nature humaine. Il sait que la fidélité est importante, non seulement pour construire solidement un couple mais aussi pour bâtir ensemble un foyer et y préparer l'enfant à l'âge adulte.

Comment se fait-il que des époux qui avaient au départ la même conviction sont partis à un moment donné, sur des voies parallèles, voire même opposées ?
Il n'y a pas de recette pour construire la fidélité ... ou plutôt si, il y en a une, il y a quelque chose qui, tout d'abord, permet à deux êtres différents de vivre ensemble dans une intimité quotidienne; quelque chose aussi qui les pousse à soulever le poids de la nature, à dépasser leurs incapacités, leurs faiblesses, leurs défauts que la vie à deux révèlent rapidement ; quelques chose qui les rend disponibles à l'autre et les force sans cesse à aller ensemble de l'avant.

Ce quelque chose s'appelle l'AMOUR et il se vit aussi longtemps que l'un est attentif à ce qui fait que l'autre est lui-même avec ce qu'il a de positif, de valable, de bienfaisant.
C'est ce qui fait que les conjoints se sont choisis et c'est cette particularité de l'autre qu'il faudra s'efforcer de mettre en valeur, au jour le jour.

Celui qui se sent aimé, accueilli, trouve tout naturellement sa place dans la vie. Celui qui ne se sent pas accueilli, qui ne se sent pas aimé perd finalement sa raison de vivre. Il la cherchera ailleurs ou, il ira, à la limite, jusqu'à se détruire lui-même ou détruire les autres, suivant son tempérament.

Il suffit de voir ce qui se passe autour de soi.

Par contre, dans le mariage, si chacun reste accueillant à l'autre, prêt à l'écouter, ils bâtiront ensemble un couple solide.

Ce n'est cependant pas facile de construire un couple solide dans l'usure du temps, les difficultés, les problèmes de l'âge et de la vie. Nous ne sommes pas naturellement fidèles mais nous sommes plutôt fantaisistes, poussés par notre nature vers ce qui nous plaît au moment même selon notre humeur qui est variable.

Pour garder une ligne de conduite, il faut un amour vigilant. C'est pour cela que l'Eglise fait du mariage un sacrement. Dans l'amour du couple, elle introduit l'amour même du Christ Jésus qui, lui, est fidèle entre tous puisqu'il est l'AMOUR en plénitude.

C'est là une dimension du mariage chrétien à laquelle nous ne sommes peut-être pas assez attentifs. Avec nous, le Christ s'engage, lui aussi, à nous donner sa présence attentive, sa force vivante, dans notre vie de couple.

Si le Christ est ressuscité, c'est pour être avec nous, chaque jour mais d'une présence discrète qui ne nous force jamais, sollicitant notre bonne volonté dans notre vie quotidienne : époux, enfants, circonstances, besoins des autres.
Si nous répondons à ses sollicitations, une paix sereine pourra s'installer en nous. Les luttes et les difficultés ne seront pas exclues mais, à travers les difficultés elles-mêmes l'amour pourra s'épanouir pour construire, dans notre monde aux valeurs bouleversées, un havre de paix, un foyer de chaleur humaine, point d'attache pour les conjoints, centre d'affection et de sécurité pour les enfants, lieu où les mal aimés pourront venir aussi trouver quelque réconfort.
 Si vous écouter ce que je dis là, comme disait Jésus dans une de ses paraboles, et si vous le faites, vous êtes comparables à l'homme sage qui a bâti sa maison sur le roc ;

> « *La pluie est tombée et les torrents ont dévalé,*
> *les vents ont soufflé et se sont déchaînés contre cette maison*
> *et elle ne s'est pas écroulée,*
> *car elle était fondée sur le roc.* »
> *(Math.7,2)*

Qu'est-ce que la paix de Dieu - 27e dimanche ordinaire- A

> *"Ce que vous avez appris et reçu*
> *ce que vous avez vu et entendu de moi*
> *mettez-le en pratique.*
> *Et le Dieu de la paix sera avec vous ".*
> (Phil .4,9)

Quand nous nous aimons les uns les autres,
quand nous travaillons honnêtement et en vue de la justice pour tous,
quand nous supportons l'épreuve en vivant dans la confiance,
quand nous espérons l'union de tous les hommes dans la fraternité,
quand nous nous réunissons, au nom du Seigneur, et que " *nous lui faisons connaître nos demandes dans l'action de grâce et les supplications* " (Phil.4-6); alors la paix de Dieu, qui " *dépasse toute intelligence* " (Phil.4,7), garde nos cœurs et nos pensées dans le Christ Jésus.
Mais,
quand nous voulons conduire notre vie seul, à notre fantaisie ou selon nos ambitions,
quand nous devenons méchants vis à vis du pauvre et de l'étranger,
quand nous devenons orgueilleux, égoïstes,
la paix de Dieu n'est pas en nous et nous répandons le malheur.

Après de longues années de civilisation basée sur la raison et le progrès, par et pour le profit, les peuples chrétiens de l'occident sont devenus riches et la majorité des humains vit dans la pauvreté.
" Cet état de choses est devenu dangereux pour la paix du monde, dit un sociologue contemporain, bien plus que la propagande communiste. Et la propagande communiste elle-même n'a été efficace que parce que les chrétiens n'ont pas compris et accompli le commandement évangélique de l'amour du prochain ".

" *Ce qu'ils ont appris et reçu, ce qu'ils ont entendu* ", les peuples chrétiens ne l'ont pas mis en pratique.
" Si maintenant, nous donnions tous nos biens pour les pauvres, le problème ne pourra plus être résolu. Seuls les " talents " confiés aux hommes d'état, aux économistes, aux industriels, aux techniciens et aux savants peuvent répondre aux besoins gigantesques de l'humanité actuelle. Mes ces talents, dit toujours le sociologue, ces talents sont plus volontiers gaspillés, pour une grande part, à préparer des meurtres collectifs au lieu d'être employés à des tâches constructives pour l'humanité ".

Voilà où nous en sommes et sur quelle pente nous nous engageons parce que les uns n'ont pas - les autres ont perdu - la notion du " Père " et en conséquence le souci des " frères " , comme ils ne se soucient pas de la prière ardente de Jésus avant sa passion : *"Que tous soient UNS, comme toi Père tu es en moi et moi en toi."* ! (Jean 17,21)

" Ou bien, écrit encore un philosophe, on fera tout ce qui est humainement possible pour que se créent les " Etats Unis du Monde " dans un désir de fraternité universelle ou bien, très bientôt, il n'y aura plus sur cette terre ni état, ni homme " ! ?

Pourtant ce monde est magnifique et la tâche des hommes grandiose. Si beaucoup parmi ces hommes sont actuellement angoissés par l'insécurité qui se généralise, nous avons le devoir, dans cette insécurité - si nous croyons vraiment aux promesses de notre foi - de vivre dans la confiance et la joie au-delà des angoisses et des doutes.

Pour cela, il nous faut aimer la vie qui nous est donnée telle qu'elle est, et l'aimer sincèrement aussi insécurisante qu'elle nous paraisse. Mais nous ne pourrons l'aimer telle qu'elle est, et vivre dans la paix que si, dès maintenant, nous acceptons et voulons mettre en évidence les valeurs qui nous conduisent à une vie meilleure.
" *Tout ce qui est vrai et noble, tout ce qui est juste et pur, tout ce qui est digne d'être aimé et honoré, tout ce qui s'appelle vertu et mérite des éloges, tout cela, prenez-le à votre compte* " (Phil.4,8)

Et puisque tout contribue à l'achèvement de l'univers, " même les péchés " - ceci c'est saint Augustin qui le dit - moins que quiconque nous ne pouvons pas perdre confiance.

Il y a huit siècles quelqu'un que nous fêtons en octobre a vécu, comme nous le vivons maintenant, un changement de civilisation. Et dans l'écroulement des valeurs anciennes, il s'est fait le chantre de la fraternité universelle, de la joie, de la paix ... IL s'agit de François d' Assise proclamé le 30 avril 1980 " patron de l'écologie ", en raison de son attachement à la nature.
L'auteur d'un article à ce sujet terminait en disant : " Saint François a quelque chose à dire à notre monde bouleversé. Pour le comprendre, il faut se mettre à son école qui est : dépouillement de soi, contemplation et amour de Dieu dans la liberté intérieure ".
Pour trouver cette "liberté ", il faut " renaître " - c'est un verbe familier à l'évangile - ne pas être inquiet mais " *en toute circonstance, dans l'action de grâce, prier et supplier pour faire connaître à Dieu nos demandes* ".

Et la paix, non pas la paix du monde, mais une paix qui surpasse toute intelligence, comme dit Paul aux Ephésiens, sera avec vous.

> " *Je vous laisse ma paix, je vous donne ma paix.*
> *Je ne vous la donne pas*
> *comme le monde la donne,*
> *que votre cœur cesse de se troubler et de craindre* "
> (Jean 14,27)

Qu'est-ce que la résurrection? - 28e dimanche ordinaire - C

> " *Souviens-toi de Jésus-Christ.*
> *Il est ressuscité d'entre les morts ...*
> *Voilà mon évangile* ".
> (2 Tim 2,8)

Pour nous chrétiens, la résurrection de Jésus est la base même de notre foi. " *Si le Christ n'est pas ressuscité*, proclame l'apôtre Paul, *notre foi est vaine... Mais Dieu a ressuscité son fils d'entre les morts et il nous ressuscitera aussi par sa puissance.*" (1 Cor 15, 14-20).

Cet événement constitue le point central de toute l'histoire humaine et particulièrement de notre vie chrétienne.

Jésus ressuscité fait de nous, dès maintenant et si nous le voulons, des vivants remplis d'une vie si forte qu'elle change le sens de notre quotidien et enfin ... de la mort.

Rappelons-nous ce prodige de la résurrection du Christ pour essayer d'en saisir la signification.

Après sa mise au tombeau, Jésus apparaît à ses disciples déconcertés par sa mort. Est-ce un cadavre réanimé ? Un mort revenu à la vie ?

En réalité, Jésus ressuscité vit une vie nouvelle, une tout autre vie, une vie qui n'aura plus rien à voir avec la mort. Il est " tout autre ", à tel point que le reconnaîtront ceux-là parmi ses disciples qui partagerons avec lui la parole de Dieu et le pain. Il leur rappellera, à propos de sa mort, les paroles de l'Ecriture et, prenant le pain, il refera les gestes de la dernière cène.

S'il peut prendre une apparence humaine que les obstacles n'arrêtent pas - d'après l'évangile, il entrera chez les disciples portes closes - il pourra aussi prendre l'apparence du pain et dire : " *Celui qui mangera ce pain vivra éternellement* " (Jean 6,58)

Que peut signifier cette résurrection maintenant, pour chacun de nous ?

La résurrection de Jésus nous fait accéder avec lui, dès maintenant déjà, à une vie absolument nouvelle, dans la foi.
Dans notre monde où tant d'échecs risquent de nous faire considérer la vie comme absurde où, chaque jour, la mort apparaît sous toutes ses formes : maladies, accidents, suicides, guerres, tortures ... où la mort de chacun devient, en même temps, la seule question vraiment importante, nous avons une seule réponse valable : une nouvelle vie s'offre à nous pour être vécue dès maintenant dans la foi en Jésus, vivant, en nous, cette vie nouvelle.

C'est au plus profond de nous-mêmes, là où se mêlent les sentiments : la joie, l'angoisse, la colère, là où se mêlent les désirs et les déceptions, c'est là que, par la puissance de sa vie nouvelle, Jésus va - si nous le laissons faire - creuser sa place au moyen des événements de chaque jour : notre travail, nos efforts, nos fatigues mais aussi nos échecs, nos souffrances, nos maladies, la solitude, les séparations ... choses qui ne manquent jamais et qui sont nos petites morts de tous les jours et qui nous font souffrir.

Quand nous acceptons ces petites morts en surmontant nos rancœurs, nos impuissances, nos tristesses, nos peurs, notre révolte pour vivre dans la confiance, le Seigneur développe en nous sa vie de ressuscité. Il nous délivre de la contrainte de nos croix de chaque jour car c'est tous les jours que nous vivons ces combats de la vie et de la mort jusqu'à notre dernière expérience ... qui nous conduira au cimetière - mais aussi au-delà, avec lui et définitivement si nous avons combattu dans la confiance en lui.

C'est cela notre foi, c'est cela Jésus qui nous sauve !
C'est cela que nous vivons dans l'Eglise qui est notre point de ralliement, le lieu de l'eucharistie où nous consommons le Christ ressuscité qui enflamme notre cœur dans le silence et nous donne un regard d'enfant sur la vie, celui de la confiance envers et contre tout, accompagné d'une immense espérance.

Nous ne le verrons pas, comme nous le disons après la consécration avant qu'il ne revienne " dans la gloire " mais le voile qui le cache à nos yeux mortels, ce voile se lève quelquefois. Il peut se lever dans le sourire et le regard d'un chrétien. Cela, c'est aussi un " sacrement ", le seul signe peut-être que nous pourrons donner à quelqu'un qui ne partage pas notre foi.

Celui-là ne pourra percevoir quelque chose du Christ ressuscité que si nos visages deviennent transparents, livrant un reflet de la vie qui nous anime.

Notre Dieu n'est pas le Dieu des morts mais celui des vivants !

" Voici que je fais
toutes choses nouvelles "
(Apocalypse 21,5)

Avons- nous la Foi? - 29e dimanche ordinaire -C

*"Le Fils de l'homme
quand il viendra
trouvera-t-il la foi sur terre " ?*
(Luc 18,8)

C'est le nœud du problème !
la FOI
Est-ce que nous avons la foi ?

Et si nous avons la foi, pourquoi croyons-nous en Dieu, en la vie, en la providence, pourquoi sommes-nous remplis de confiance quand tout nous réussit alors que nous nous décourageons parfois si vite, si nous connaissons l'épreuve, la maladie, la souffrance, la pauvreté .. ?

N'*avons*-nous pas, à ces moments-là, cette idée " fausse et odieuse " comme dit un écrivain chrétien que Dieu veut nous gâcher la vie au lieu de la sauver ?

Les enfants, en général, vivent dans la confiance et c'est bien pour cela que Jésus nous dit : " *Si vous ne devenez comme des enfants, vous n'entrerez pas dans le royaume des cieux* " (Mat.18, 1) .
Quand on commence à perdre sa confiance dans la vie, on est déjà plus un enfant. Pour redevenir comme une enfant il faut lutter sans cesse contre la méfiance qui nous devient quasi naturelle quand nous devenons adultes.

Qu'est-ce qui domine, chez nous, lorsque des soucis d'argent, de santé ou d'autres se font menaçants. Est-ce l'inquiétude ou la confiance malgré tout ?

Après avoir enseigné le " Notre Père " à ses apôtres, Jésus dit : " *Ne vous inquiétez donc pas du lendemain; demain s'inquiétera de lui-même ...* "(Mat.6, 34) et " *...vos cheveux mêmes sont tous comptés. Soyez sans crainte: vous valez mieux qu'une multitude de passereaux* " (Luc 12,6-7) Autrement dit, si vous vous faites ce genre de souci, vous ne connaissez pas votre Père des cieux et vous ne vous considérez pas comme ses enfants.

Peut-on passer sa vie quotidienne dans un souci perpétuel et avoir en même temps la foi en Dieu - notre Père - en Jésus - notre frère - et en leur Esprit qui nous habite ? ... Ne sommes-nous pas bien entourés ?

Bien sûr, nous n'avons pas directement conscience de cette vie divine en nous. Nous ne sentons pas la vie de Dieu qui nous habite. Il vit dans les profondeurs de notre conscience. Nous ne le sentons pas comme nous sentons immédiatement une migraine ou simplement le chaud et le froid.

Pour entrer en contact avec lui, il nous faut :

- établir, en nous et en dehors, une zone de silence,
- faire l'effort indispensable de nous calmer, de faire taire nos inquiétudes, nos révoltes, nos peurs, nos désirs immédiats, nos angoisses, nos énervements, nos soucis.

Alors cette vérité de foi : " Dieu nous aime " pourra devenir pour nous quelque chose de réel, de vrai, de vivant et nous pourrons laisser sa paix nous pénétrer.

Il y aura toujours une réponse, un mot, une pensée apaisante, un renouvellement de notre force intérieure si nous savons persévérer dans la confiance. Et si l'épreuve est trop pénible ou si notre état d'esprit nous empêche de nous recueillir, il faut prier quand même puisque Jésus nous certifie que la prière est toujours exaucée, même si nous ne savons pas ni où, ni comment elle, le sera.

Et si Dieu nous exauce, ce n'est pas comme le juge de l'évangile qui rend justice à la femme importune parce qu'elle l'ennuie, mais c'est parce qu'il nous aime.

Savons-nous être reconnaissants pour cela , pour ce que nous sommes, pour ce que nous avons reçu et continuons à recevoir sans penser à ce que nous n'avons pas et qui, sans doute, ne nous conviendrait pas ?

" *Soyez reconnaissant, priez sans jamais cesser de prier* " ! (Saint Paul)

La confiance en Dieu c'est souvent noir ; mais c'est à ce moment que peut-être on espère le plus et que la force nous est donnée ... assez pour chaque jour, en application d'une insistance évangélique : " *A chaque jour suffit sa peine* " !
Si nous retenons cela et si nous essayons d'en vivre on pourra s'étonner, autour de nous, de nous voir paisibles, sereins, parce que nous vivons dans la confiance en une sagesse et un amour qui nous dépassent.

Le Seigneur te gardera
et gardera ta vie
maintenant, à jamais.
('Psaume 120)

Comment connaître le don de Dieu? - 30e dimanche ordinaire - C

" *La prière du pauvre traverse les nuées* "
(Sirac le Sage)

L'homme d'aujourd'hui a facilement le sentiment que Dieu est lointain, et même irréel.
Tout simplement il ne s'en occupe pas. Il a assez de choses à faire et de quoi se distraire. Il n'a pas le temps d'y penser. Alors, c'est bien normal que Dieu lui paraisse lointain, en effet.

Et nous, les chrétiens, ne sommes-nous pas , comme les autres, rassasiés par trop de bonnes choses pour désirer encore goûter combien le Seigneur est bon, lui qui est à l'origine de la vie qu'il nous donne, de l'air que nous respirons, des bienfaits que nous recevons , lui qui éclaire nos intelligences et anime nos volontés ?

On peut bien vivre une vie, naître, vivre et mourir sans se soucier de Dieu. Nous sommes libres et indépendants. Nous pouvons organiser notre vie et la vie autour de nous sans lui. Le système continuera à fonctionner.

On peut parler de Dieu tant qu'on veut. On fait des homélies depuis des siècles dans toutes les églises d'occident et cependant, pour la plupart, la foi se perd ou ne se vit pas.

Quand quelqu'un me dit : " J'ai bu un vin excellent. Je n'en ai jamais bu de pareil ", cela me laisse indifférent aussi longtemps que je n'ai pas goûté ce vin moi-même. On peut parler de la bonté de Dieu qui rend à l'homme pécheur, la joie de son amitié. Tout cela n'a pas de résonance fondamentale en nous, aussi longtemps que nous n'aurons pas expérimenté personnellement ce qu'est l'amitié de Dieu, aussi longtemps que nous n'aurons pas réalisé, un tant soit peu, que nous sommes aimés de Dieu : " *Si tu savais le don de Dieu* " !

Comment connaître ce don de Dieu ?

Nous connaissons par la vue les choses qui nous entourent. Il y a aussi bien des choses que nous voyons et que nous pouvons, en plus, connaître par le goût l'ouïe, l'odorat et le toucher ; c'est autant de connaissances supplémentaires.

Nous connaissons aussi les personnes par la vue, mais aussi longtemps que nous ne les fréquentons pas, que nous ne dialoguons pas avec elles, nous les connaissons mal.

Des amis intimes se connaissent bien. Des époux ont, dans le domaine de la connaissance de l'autre, une connaissance privilégiée qui est humainement la plus totale lorsqu'elle est vécue dans l'harmonie. Mais cette connaissance se heurte encore à des limites.
Celui qui connaît le Seigneur, comme tout chrétien peut le connaître - s'il le veut - celui qui fait l'expérience de son amitié, celui-là comprend qu'il a trouvé la source qui peut étancher sa soif. Cette révélation fait de lui quelqu'un qui
" *sans rabâcher ses prières* "(Mat.6, 7) ose entrer simplement en conversation avec Dieu, en l'occurrence avec Jésus-Christ - Dieu en notre humanité

Nous ne profitons pas assez de Jésus, Notre Seigneur.
Il est notre bien, il a tout mérité pour nous.
Il est à notre portée et nous ne le mettons pas en valeur.
Nous ne croyons pas à son action dans notre vie courante,
Nous ne le connaissons pas non plus à l'intime de nous-mêmes comme le "parfait consolateur ". Celui qui soutient, éclaire, relève, nous recrée à tout moment. " *Il y a entre nous et Jésus, le Verbe* (la parole de Dieu) *incarné, des liens aussi forts et vigoureux que ceux qui régissent la complexité du monde ... aussi bien dans le monde physique que dans le monde humain*" nous dit le père Teilhard de Chardin dans " Le milieu divin".

Mais autre chose est de comprendre les mots, autre chose est d'en pénétrer le sens comme nous savons aussi par, notre foi, que Dieu nous connaît et qu'il nous aime, mais nous LE VIVONS SI PEU !

Que faire alors pour vivre de cette présence que nous admettons mais qui n'éclate pas comme une évidence ?
Que faisons-nous quand nous voulons capter une émission à la télévision ou à la radio ?
Nous choisissons la bonne longueur d'ondes.

Pour capter la présence du Seigneur, ne faut-il pas aussi se mettre sur la longueur d'ondes qui convient avant de se mettre en position d'écoute.. Cette longueur d'ondes, l'évangile nous la révèle : c'est la pauvreté de cœur et la simplicité de la foi.

- Le pauvre s'abaisse pour recevoir: " *Qui s'élève sera abaissé, qui s'abaisse sera relevé* ". (Luc 18,14) Mais encore ne suffit-il pas de s'abaisser, il faut aussi se laisser relever.

- La simplicité - une des instances évangélique parmi d'autres - nous y aidera. "*Soyez simples comme la colombe* " (Mat.10, 16) Nous savons par l'évangile que Dieu se révèle aux âmes simples parce qu'il est lui-même extrêmement simple et qu'il désire, comme dit l'Ecriture " partager la conversation des hommes».

" *La prière d'un pauvre traverse les nuées. Tant qu'il n'a pas atteint son but, il demeure inconsolable* " (Sirac le Sage)

Des profondeurs
je crie vers toi, Seigneur !

Comment atteindre la béatitude? - LA TOUSSAINT

" *Réjouissez-vous*
Soyez dans l'allégresse "
(Mt 5,12)

Le " petit Larousse " définit la béatitude comme " un bonheur calme, sans inquiétude ". Il ne dit pas comment parvenir à ce bonheur. Jésus nous en donne la recette dans les " Sept béatitudes ", son célèbre " *Sermon sur la montagne*" (Mat.5, 1-12)

Deux fois l'an, l'Eglise nous le rappelle publiquement et notamment à la fête de " Tous les saints " - ceux qui en ont appliqué la recette.

Nous sommes, quant à nous, habitués - trop habitués sans doute - à ces béatitudes qui, de ce fait, perdent leur pertinence. Leur inconvénient est de mettre les conceptions habituelles du bonheur à l'envers.

La première béatitude fait l'éloge de la PAUVRETE. Qu'est-ce que la pauvreté, au sens de l'évangile ?. Est-ce le dénuement, l'indigence ? Jésus veut-il béatifier la misère ?
Comment être heureux si l'on manque du nécessaire ?

La réponse nous est donnée dans un autre passage de l'évangile : " *Ne vous inquiétez donc pas en disant : qu'allons-nous manger? ... qu'allons-nous boire ? ...de quoi allons-nous nous vêtir ? Il sait bien votre Père céleste que vous avez besoin de tout cela ... Ne vous inquiétez donc pas du lendemain* ". (Mt 12,21-24)

Là, nous nous surprenons à décrocher. Nous ne sommes pas tout à fait d'accord, du moins dans la pratique. Dans notre monde de consommation, tout nous invite à accumuler les provisions, les vêtements, les propriétés, l'argent : action ou livret d'épargne ...

Ce n'est cependant pas en thésaurisant et en nous inquiétant outre mesure que nous participerons au royaume des cieux qui se manifeste par la paix, la joie, la confiance, le partage. Tout cela, nous dit Jésus, est à celui qui s'en remet, en toutes choses, à son père céleste. C'est la pauvreté au sens de l'évangile, et cette pauvreté nous paraît déraisonnable. Elle l'est en effet parce que l'inquiétude est commune à chacun de nous.

L'évangile, par contre, nous suggère - en termes poétiques - de nous confier avec la candeur du lys des champs, l'insouciance de l'oiseau, la simplicité de l'enfant à notre Père céleste. (Mt 6,25-33) Jésus nous y invite en nous promettant capital et intérêts: "*Bienheureux vous les pauvres ! Le royaume de Dieu est à vous* " !

Si nous commençons à ne plus nous inquiéter en accomplissant le mieux possible notre tâche quotidienne, en vivant le moment présent, débarrassé de l'angoisse du lendemain, autrement dit : en esprit de pauvreté, nous sentirons alors monter en nous une faim nouvelle, celle dont parle la

quatrième béatitude . Une faim nouvelle celle du cœur et de l'esprit. " *Bienheureux ceux qui ont faim car ils seront rassasiés* ".
Regardons le visage pacifié des saints, de ceux qui prient et qui se donnent leur richesse de cœur, leur force, leur sérénité.

Les béatitudes ne sont pas raisonnables. Et nous avons souvent été sollicités à " être raisonnables ", à " faire des choses raisonnables ". On nous a dit aussi que les saints sont " admirables mais pas imitables ". On en a fait des statues que l'on implore un peu comme des idoles alors qu'ils sont avant tout des exemples de vie.

" *Heureux les doux* ", autrement dit : les " non-violents " qui maîtrisent leur colère ou leur désir de vengeance Quelle n'est pas la valeur de ces " doux" qui travaillent à la libération des êtres humains : médecins sans frontière et autres artisans de paix. Ne sont-ils pas déjà tous rassasiés par une vie pleine et débordante. Mais ceux-ci pleurent aussi. Ils pleurent devant la dureté des cœurs. Mais leurs pleurs se transformeront en joie: "*Heureux vous qui pleurez maintenant* ".

" *Heureux aussi si on vous persécute* "
Pensons à nos frères et sœurs persécutés à cause de leur foi ou de leur lutte contre l'injustice. Nous avons tendance à les prendre en pitié. Jésus, au contraire, leur dit : " *Le royaume des cieux vous appartient.* "
Heureux êtes-vous les pauvres qui faites confiance au Père.
Heureux êtes-vous qui avez faim et soif de justice.
Heureux êtes-vous qui pleurez maintenant.
Heureux les miséricordieux qui voient les autres avec bienveillance.
Heureux ceux qui ont le cœur pur - qui ont l'intention droite.
Heureux aussi les persécutés.
Heureux les artisans de paix.

Mais malheurs à vous les riches, les repus, les puissants qui jouissez sans scrupule et, au dépens des autres, de l'argent, du plaisir, du pouvoir, vous avez perdu votre boussole, celle qui oriente vers l'amour le cœur humain libéré de ses chaînes.

G. Chesbron, auteur français bien connu disait : " *Une once de l'esprit de pauvreté suffirait à sauver l'occident* ".
On attribue à Lénine, qui n'était guère catholique, ce propos : " *Quelques gouttes de sang de saint François d'Assise suffirait à régénérer l'humanité.*"

" *C'est toi, Seigneur, dit le psalmiste, qui m'a formé les reins. C'est toi seul qui sait ce dont j'ai besoin pour être heureux.*" Et ce dont j'ai besoin est proclamé dans les " béatitudes " qui sont l'expression d'une seule attitude : "aimer ".

L'amour est le fond de notre nature. Il faut le réveiller pour qu'il prenne son envol. il est aussi l'enjeu de notre propre survie.

> *"Nous passons de la mort à la vie*
> *quand nous aimons nos frères "*
> *(1 Jean 3,14)*

Comment tenir sa lampe allumée ? - 32e dimanche ordinaire -A

> *"Voici l'époux*
> *sortez à sa rencontre "*
> *(Mt 25,6)*

Quel enseignement puis-je retirer de l'évangile des " vierges folles" et des "vierges sages" invitées à une noce ?
Comme elles, je suis invité à des noces, les " noces du Royaume ".

" *La fin dernière de tout être humain est Dieu, par Notre Seigneur Jésus-Christ* ". C'est un dogme fondamental de notre foi.
Tout comme la nature crée des liens entre les éléments naturels, par exemple entre la terre et les plantes, ainsi des liens tout aussi réels me rattachent à Jésus-Christ par la vertu de son incarnation. Il mêle sa vie à la nôtre. " Tout ne fait qu'un dans le processus qui de haut en bas agite et dirige les éléments de l'univers ... De proche en proche, de relais en relais tout finit par se raccorder au centre suprême Jésus-Christ"

Et saint Paul de nous dire qu'il ne nous manque que de le voir. " Dieu qui a fait l'homme pour que celui-ci le trouve, Dieu que nous cherchons à saisir par le tâtonnement de nos vies, ce Dieu est aussi répandu et tangible que l'atmosphère où nous sommes baignés. Il nous enveloppe de partout comme le monde lui-même. Une seule chose nous manque, c'est de le voir."

Comment le voir ? Comment se tenir prêt pour le rencontrer ?

" *En gardant sa lampe allumée* ", nous dit l'évangile ... pour pouvoir le reconnaître quand il va se faire voir au jour des noces éternelles et pour qu'il nous reconnaisse.

Comment garder sa lampe allumée, comment se procurer l'huile nécessaire ?

En faisant tout, nous dit saint Paul, au nom de Notre Seigneur Jésus-Christ. " *Que vous mangiez ou que vous buviez, quoique vous fassiez, faites tout pour la gloire de Dieu*" (1Co 10,31) Autrement dit, la vie humaine tout entière - pas seulement les exercices de religion ou de piété,-mais notre travail et tout ce que nous faisons est du domaine de Dieu. Nous pouvons aller à toutes ces choses, à tous nos devoirs humains en sa compagnie.

Beaucoup de chrétiens ont eu le sentiment que le temps passé au bureau, à l'usine, au travail en général est un temps qui échappe à notre relation avec Dieu. On peut bien tout au plus récupérer quelques minutes par jour pour la prière et une heure le dimanche mais les meilleures heures sont absorbées par des tâches matérielles. Combien aussi se disent que la vie avec le Christ est réservée à ceux qui ont quitté le monde pour avoir le loisir de prier et méditer.

Sous l'emprise de ce sentiment, notre vie est alors, sinon partagée ou divisée, tout au moins gênée. Mais le Christ est pour tous et nous pouvons être à l'aise partout et en tout ce que nous faisons car, en vertu de la création et de l'incarnation, rien n'est profane, tout est sacré sur notre terre. Rien ne se perd de tout ce que nous faisons (Teilhard de Chardin)
Ce qui nous manquent le plus, et que les non-chrétiens peuvent à juste titre nous reprocher, c'est que nous vivons, pour la plupart, sans la conscience de cette vie qui nous anime, sans penser quelques fois que notre travail, le plus humble soit - il, participe au travail d'incarnation du Christ dans notre monde. Notre lampe manque ainsi de l'huile nécessaire à la transformation de ce monde jusqu'à son épanouissement en royaume de Dieu.

Nous avons aussi attaché une importance assez exclusive aux groupements spécialisés dans la vie chrétienne dont les membres s'attachent à telle ou telle particularité : les prêtres, les diacres, les missionnaires, les religieux et religieuses : contemplatifs, enseignants, hospitaliers, ensuite les groupements d'action catholique, les mouvements sociaux ou caritatifs.
Nos frères ou sœurs qui ont fait ce choix veulent par là et à juste titre " tenir leur lampe allumée "

Par ailleurs, ce n'est pas en admirant ceux qui ont fait ce choix ou en regrettant la diminution des effectifs parmi eux, que notre propre lampe restera elle aussi " allumée ". Là où nous sommes, en remplissant la tâche qui est la nôtre, soyons persuadés que la moindre de nos actions a sa valeur divine, qu'elle sera reçue par le Christ, centre de l'univers travaillant "atomiquement" mais réellement à l'évolution du monde. " Il est , en quelque manière, au bout de ma plume, de mon bic, de mon pinceau, de mon aiguille, de mon cœur, de ma pensée " (3).

Notre lampe, c'est notre foi en Jésus-Christ qui agit avec nous. Et l'huile de notre lampe c'est notre fidélité à coopérer au travail du Christ qui, qui, petit à petit, à travers les circonstances de la vie fait de nous des êtres capables de participer à sa vie dont nous attendons la révélation au jour du grand avènement des " noces éternelles ".[1]

> " *Veillez donc*
> *car vous ne savez*
> *ni le jour, ni l'heure* "
> (Mt 25,13)

Que sera le jugement dernier ? - 33e dimanche ordinaire - B

> ***"Le soleil s'obscurcira***
> ***et la lune perdra son éclat.***
> ***Les étoiles tomberont sur la terre***
> ***et les puissances célestes seront ébranlées"***
> (Mc 13,24)

Nul ne sait quand viendra la fin du monde, ni comment, ni dans quelles circonstances apparaîtront les signes dont parle l'évangile. " *Quant au jour et à l'heure, nul ne les connaît pas même les anges dans le ciel, pas même le Fils mais seulement le "Père"* (Mc 13,32)
Ce jour-là, notre sort sera fixé pour la vie ou la déchéance éternelle suivant que nous aurons été attentifs, ou non, aux autres dans une volonté de justice. " *J'avais faim et vous m'avez donné à manger, j'avais soif et vous m'avez donné à boire... prisonnier, malade et vous m'avez visité.* " (Mt 25, 31-46)

Saint Jean, dans l'apocalypse, brosse un tableau effrayant du jugement dernier et saint Paul nous dit : " Tous les hommes seront soumis au feu qui éprouvera la valeur de leurs œuvres ". Mais l'image du jugement final ne doit pas nous impressionner outre mesure. Ce jugement ne fera que révéler ce que recèle le cœur de chacun et nous savons que le jugement de Dieu s'est déjà fait lorsqu'il a envoyé son fils dans le monde pour le sauver.

---

[1] Ce texte est inspiré de la pensée de Teilhard de Chardin, dans "Le milieu divin" éd.du Seuil- 1957 ...... (1) p.25 - (2) p.49 - (3) p.54

Celui qui croit que Jésus a pris sur lui les péchés du monde et adhère à son amour, celui-là ne sera pas jugé nous dit l'apôtre Jean. *"C'est cela qui nous donne pleine assurance au jour du jugement ... Il n'y a pas de crainte dans l'amour»*. (1 Jn 4, 15-18)

La menace du jugement ne pèse que sur ce que l'évangile appelle le "monde mauvais " ou le " monde des ténèbres ". C'est le monde de la prospérité trompeuse et des fausses sécurités, le monde des convoitises. C'est le monde dans lequel nous baignons et sur lequel pèse la menace à laquelle Jésus est venu nous soustraire.

C'est le tragique de notre destinée où chacun est mis en demeure de choisir entre les deux camps : celui où chacun se replie sur soi pour défendre ses biens et ses droits, pour poursuivre ses chimères et ses idoles, ou le camp de Jésus, celui de ceux qu'il rassemble dans la réconciliation, l'amour et la compassion.
C'est maintenant que le règne de Dieu se fait en nous, si nous le voulons, et que chacun décide de son jugement futur. C'est la loi de la liberté que nous apporte l'évangile rendant chacun responsable de sa destinée...
Ne soyons pas complices par notre silence et notre inertie de ce monde que le Christ condamne et qui passera.

9. LE CHRIST ROI DE L'UNIVERS

"Souviens-toi de moi
quand tu viendras comme roi ".
(Luc 23,42)

C'est le bon larron, crucifié avec Jésus, qui l'interpelle
au sujet de son royaume.
Pilate, lors du procès de Jésus, l'avait aussi interpellé :
" Alors, tu es roi " ?
et Jésus lui avait répondu
" Tu le dis, Je suis roi "
(Jean 18,36)

Pour comprendre la royauté de Jésus, il faut d'abord abandonner nos idées habituelles au sujet de la royauté :

- un roi est riche, Jésus est pauvre,
- un roi gouverne, Jésus propose,
- un roi n'accueille pas ses sujets dans sa vie privée, Jésus fais de nous ses amis: "*Je ne vous appelle pas mes serviteurs mais mes amis* "., (Jean 1,15)
- un roi ne partage pas la vie de ses sujets : Jésus vit avec nous. Il se fait nourriture pour chacun de nous,
- un royaume est limité: celui de Jésus n'a pas de limite. Il s'étend à l'univers et s'adresse à tous les hommes.

Pour entrer dans son royaume - qui n'est pas de ce monde mais se prépare maintenant - il impose une condition : " *Vous n'entrerez pas dans mon royaume si vous ne devenez comme de petits enfants* ". (Mt 18)

En réalité, Jésus ne veut pas des gens simplement honnêtes et raisonnables mais des gens qui prennent le risque de lui faire confiance, comme le ferait un enfant : assez fous et en même temps assez sensés pour oser croire que le royaume promis, folie aux yeux du monde, est sagesse aux yeux de Dieu - sagesse ennemie de la sagesse du monde - réalisation de son plan d'amour pour nous.

Le monde et les disciples de Jésus ne parlent pas le même langage. La découverte de cette " folie divine " est impossible aux " sages et aux prudents " de ce monde . Elle est seulement l'apanage des petits :

" *Je te bénis Père, Seigneur du ciel et de la terre, d'avoir caché cela aux sages et aux prudents et de l'avoir révélé aux tout petits* " (Luc 10,21) Et saint Paul ajoute : " *L'homme simplement raisonnable de perçoit pas les choses de l'esprit de Dieu qui, pour lui, ne sont que folies : il ne peut pas le comprendre car ce sont là des choses qui s'apprécient spirituellement* ".

C'est cette appréciation spirituelle qui nous fait comprendre qu'il faut avoir une attitude d'enfant, sachant que notre logique et notre raisonnement sont de toute façon limités. Devant les plans de la providence, devant les événements qui nous dépassent, la révélation et les promesses de Jésus-Christ, nous ne pouvons être assez simples pour accueillir l'annonce de son royaume et de tout ce qui l'accompagne, c'est à dire : tout l'évangile. L'émerveillement est nécessaire pour façonner, en nous, un cœur d'enfant de Dieu.

S'i y a une chose à laquelle nous ne croyons pas assez n'est-ce pas à " notre vie d'enfant de Dieu ", enfants du Père, fils du Royaume.

Nous n'osons pas croire que notre vocation c'est d'être élevés au niveau de la vie de Dieu. Nous n'osons pas assez croire non plus qu'il vit déjà sa vie en nous et que parc conséquent, pour nous, plus rien n'est profane : notre vie est sacrée, notre travail est sacré, nos relations sont sacrées.
La spécificité du chrétien n'est-elle pas de se savoir habité par une présence royale ?

Etant sensibilisé à cette présence ne sera-t-il pas d'autant plus apte à être lui-même présent aux autres, plus apte à écouter, à accueillir, échanger, partager et ainsi à participer à la construction du Royaume ?

Sans prononcer une parole religieuse, il sera " sacrement " du Christ.

C'est sa vie en nous, sa présence en nous qui nous pousse à créer des liens parce que : "*Dieu a voulu que, dans le Christ, toute chose ait son accomplissement total. Il, a voulu tout réconcilier par lui et pour lui, sur la terre et dans les cieux.*" (Col.1,19-20)

> « *Je suis l'apha et l'oméga*
> *Je suis celui qui est*
> *Qui était*
> *Et qui vient*
> *Le Maître de tout* »
> *(Apocalypse 1,8)*

Vous

dont la sagesse aimante

me forme

à partir de toutes les forces

et de tous les hasards de la terre

faites

que je croie

je croie énormément

je croie sur toute chose

votre active

présence

Le milieu divin
P.Teilhard de Chardin

Oui, je veux morebooks!

i want morebooks!

Buy your books fast and straightforward online - at one of world's fastest growing online book stores! Environmentally sound due to Print-on-Demand technologies.

Buy your books online at
www.get-morebooks.com

Achetez vos livres en ligne, vite et bien, sur l'une des librairies en ligne les plus performantes au monde!
En protégeant nos ressources et notre environnement grâce à l'impression à la demande.

La librairie en ligne pour acheter plus vite
www.morebooks.fr

   VDM Verlagsservicegesellschaft mbH
Heinrich-Böcking-Str. 6-8   Telefon: +49 681 3720 174   info@vdm-vsg.de
D - 66121 Saarbrücken   Telefax: +49 681 3720 1749   www.vdm-vsg.de

www.ingramcontent.com/pod-product-compliance
Lightning Source LLC
Chambersburg PA
CBHW032006220426
43664CB00005B/157